立人天地

内容提要

青春期孩子正处于走向成年的过渡阶段，他们是地地道道的新手，而且，经验缺乏、心理稚嫩的他们无论是从智力，还是从体力方面均与成年人相差很远。他们常常表现为风风火火，安全意识淡漠，容易冲动而做出一系列难以挽回的憾事来。

安全度过青春期，实现健康成长，是人生的重要任务。本书从孩子的健康，家居生活，学校生活，同学相处，社会生存，抵制黄毒、恶习和锻炼八个方面存在的隐患进行了深入浅出的介绍，帮助青春期孩子了解所面临的安全问题及解决方法。

家有孩子初长成

青春期孩子必须警惕的安全问题

陈德军 编著

黑龙江教育出版社

危险只有一步之遥

  青春期是生长发育的高峰期,也是心理发展的重大转折期,还是一个人生负重的学习期。对于处于这一时期的孩子来说,他们的身体迅速发育而强烈要求独立,又因心理发展的相对缓慢而在这种相互矛盾的心理状态中挣扎,难免会出现诸多的心理问题。

  青少年比孩提时代成熟了许多,生理上迅速向成人靠拢,突然的变化给了他们一个措手不及,因此,他们常常做错事情,由此导致的危险也屡见不鲜。

  对整个人生阶段来说,青春期的孩子致死率是比较高的。所以,青春期是人生重要的成长时期,同时也是风险最大、最为脆弱的生命阶段。生理的巨大变化,心理的动荡不安,生活环境的变化多端……这使青春期成了一个充满磨炼和挑战的狂风暴雨期。

  在生理上,大自然赐予了青少年身强力壮的体质,他们体内积聚了大量的能量,他们精力充沛,十分好奇,叛逆而又容易冲动,所以他们容易走极端……在生活中,他们如果不能有效控制自己,不能抵制诱惑,不能正确处理各种关系,就很可能给自己带来灾难,甚至是青春的凋零和生命的终结。

  在这个时期中,首先,青少年最容易沾染上不良的生活习惯,给自己的身体带来损害。其次,这个时期他们容易冒无谓的险,一不注意,就可能导致年轻生命的凋零。再次,这个时期的孩子空前自由,但本身有很多的问题在困扰着他们，如果不能得到正确的解决和指导，就非常容易走入歧途。

要命的是，青春期的孩子总是怀有远大的梦想，或许这些梦想过于完美，过于单纯，他们初生牛犊不怕虎，但现实的残酷常让他们心焦不已，慌乱中，他们成了彻底的失败者。而且，社会中仍然存在很多的阴暗角落，存在很多的污秽潜流，存在很多的颓废思想，还有说不尽的丑恶现象……这些阴暗面就像一张张血盆大口，随时吞噬靠近的青春期孩子。另一方面，人与人之间的关系空前冷漠，造成社会道德滑坡，无形之中助长了犯罪分子侵害青少年的嚣张气焰。

当前，中小学生的教育与现实脱节，特别是在德育方面，其内容明显落后于现在不断发展的状况。老师在学校里讲的，往往与孩子在现实生活中遇到的对不上号，客观上造成了青春期孩子在保护自己的能力方面存在真空。

总之，危险猛于虎，安全大于天。青春期男孩女孩还没有享受人生真正的良辰美景，还没有施展自己远大的抱负，不要因为自己一时的冲动而将自己推上绝境。生命和健康是不可逆的，一时失误将导致以后后悔莫及，相信，谁也不会为了一时的冲动而拿自己未来的幸福做赌注，那它的代价实在是太大了。

目录

1//前言：危险只有一步之遥

第一章　杜绝青春期孩子的健康隐患

2//眼睛近视要小心

5//胡须不是用来拔的

8//预防驼背

11//减肥要有度

14//少穿紧身衣裤

17//锻炼是对身体的最好防护

21//远离酒

24//不要爱上香烟

第二章　走出家庭生活引起的危险

30//没必要和父母赌气

33//刹一刹你的坏脾气

36//离家出走是一种愚蠢行为

39//正确对待父母亡故

42//何必太叛逆

45//留守孩子的苦谁知道

48//日记被爸妈看了怎么办

51//父母打了自己怎么办

55//学会应对突然而来的不幸

58//正确看待自己的出身

61//喜欢逃避的孩子

64//适当冒险

学会耐性、理性//67

在艰苦的环境中锻炼自己//70

学会丰富自己//73

第三章　跳出学校生活带来的危险

校园里不一定安全//78

远离校园暴力//80

感恩老师的批评//83

和老师赌气是一种傻气//86

体育运动要注意什么//89

克服嫉妒//92

化解学习压力//95

成绩差是可以补救的//98

一不小心爱上了老师怎么办//101

理性对待老师的暧昧//105

第四章　小心同学相处带来的危险

女孩：和同性同学在一起就安全吗//110

男孩：哥们儿义气是心理糊涂的陷阱//113

过度攀比导致的心理危机//116

女生不要在同学家过夜//119

走出害人害己的嫉妒旋涡//121

报复是一种划不来的代价//124

正视自己的短处//127

事情没有想象的那么坏，何必敏感？//130

目录

133// 正确看待早恋
136// 学会拒绝同学不合理的要求
139// 遭受其他同学欺负怎么办

第五章　铲除社会招致的危险

144// 远离社会诱惑
146// 出行要注意安全
149// 摆脱社会青年的骚扰
151// 不随便搭便车
154// 陌生人不是朋友
157// 有必要会见网友吗
160// 怎样见义勇为
163// 如何做善事才能没有危险
165// 警惕"微信"搭讪
167// 毒品吸不得
170// 警惕艾滋病

第六章　警惕黄毒带来的身心摧残

174// 黄色网站对青少年精神的"吞食"
177// 别让手机成为色情平台
180// 不看黄色书刊
182// 不看黄色画片A片
185// 风月场所去不得
188// 从正确途径接受性教育
191// 控制性的冲动

将精力用在学习上//195

第七章　远离走向犯罪深渊的恶习

远离不良习气//200

不做违法的事情//204

君子爱财，取之有道//207

遵守性道德//210

幸福不能建立在别人的痛苦上//212

虚荣赔上幸福的代价//214

成功需要展示智慧，而不是力量//216

形成自己正确的人生观//218

第八章　禁止参加不安全的活动

不宜去偏僻的地方//224

攀岩要量力而行//227

蹦极要注意的问题//229

不爬荒无人烟的山//232

不探没有把握的险//235

野游要做好充分的准备//238

不突然进行长距离锻炼//241

划船要小心//244

注意危险的漂流活动//247

后记：做好自己的守护神//251

第一章 杜绝青春期孩子的健康隐患

青春期是一个充满磨炼和挑战的"狂风暴雨"的时期。许多青少年面对青春期的生理和心理巨变感到手足无措,一味追求自以为舒服和体面而不健康的危险生活方式。殊不知,这些生活方式正是他们成长的大敌,将他们的健康在不知不觉中扼杀。

眼睛近视要小心

青少年的眼球和身体其他部位一样，正处在快速的发育阶段。与普通成人相比，青少年眼睛的屈光能力非常强，能看清比较远的物体，调节能力大，但其眼球发育尚未完善。他们又处于学习任务最繁重的时期，如果不注意用眼卫生，近视将发展较快，严重危害自己的身心健康。

今天，青少年近视的不在少数，呈现越来越严重的趋势，而且年龄在不断年轻化，这对于身体急速发育的青春期男女来说，健康多了一份潜在的威胁。

青春期男女身体处于快速发育的时期，又是各项功能开始尝试的时期，鉴于此，青春期少男少女急于体验人间的这种美好，于是，他们的眼睛可以长时间地看电视、上网，可以长时间地阅读，以满足自己心灵的需要。如果不注意生活调节，他们的眼睛便应用"过度"，因此近视开始出现了。

青春期男女在近视初期还不能称真正意义上的近视，即假性近视，如果不加以防护，将向真性近视转化。假性近视时，眼球调节功能发生的异常是可逆的，这时如果纠正不良用眼习惯，再配合缓解眼肌疲劳的治疗方法，视力是完全可以恢复的。

人为什么会近视呢？这是因为青春期少男少女的眼球正处于生长发育阶段，调节能力很强，球壁的伸展性大。当长时间注视近物时，睫状肌和眼外肌经常处于高度紧张状态，眼睛巩膜在眼外肌长期机械性压迫下，球壁慢慢延伸，导致前后轴过长，使远方物体的影像聚焦在视网膜的前方，而落不到视网膜上，因此，远视力较差，看一定距离近物时因物靠近眼，原聚焦在视网膜前方的焦点向后移至视网膜上，所以近视眼看远不清，看近较清楚。青春期男女处于身体生长发育的时期，用眼卫生不良致使眼睛经常处于调节疲劳状态，眼睛的前后轴也会随之延长，眼轴延长近视度数就会加深。

近视会给青春期男女带来严重危害：一是，看不清物体的后果会造成很多误会。在别人眼里，你可能对别人"视而不见"，别人的心理上感觉自己遭受了挑战，因而造成生活中的诸多误会，导致人际关系紧张，甚至导致自己产生心理障碍。二是，学习成绩受到影响。青春期男女佩戴了眼镜后，容易导致视疲劳，注意力难以集中，影响学习。三是，影响孩子前途，孩子由于近视眼，导致很多升学专业受到很大的限制，失去了对眼力要求高的专业的选择。四是，引起更严重的眼病。近视发展成高度近视后，可导致视网膜脱离、黄斑出血、青光眼和白内障等并发症，甚至失明。

总之，青春期少男少女近视的危害绝不可忽视，重要的是要在生活中养成良好的用眼习惯，同时，适当做一下预防，使近视的危害幅度到此为止，并得到一定程度的改善。那么，青春期少男少女如何防护眼睛呢？下面的措施值得一试：

第一，用眼有度。青少年看书、用电脑或看电视等近距离使用眼睛的时候，每隔40分钟左右，将视线转移一下，比如，眺望远处10分钟，让眼睛得到休息。值得注意的是，青春期少男少女在用电脑打各种游戏时，注意间歇休息。

第二，每天保持两个小时的室外运动。平时，患近视的人在青少年时期参加体育活动较少，研究结果也表明过少的户外活动与近视相关。

第三，使用护眼灯。青少年学习的时候，不使用比较昏暗或过于明亮的台灯，应使用对眼睛有保护作用的护眼灯。

第四，保持充足的睡眠。因为低度近视的形成与遗传关系并不明显，而与睡眠时间密切相关。由于睡眠不足，可引起全身植物神经功能紊乱，而全身植物神经功能紊乱必然会影响眼局部交感神经与副交感神经的功能，从而引起眼睫状肌调节功能紊乱，导致近视眼形成。所以，青少年应保持充足的睡眠，睡眠时间最好保证在8到9个小时。

第五，做眼保健操。青少年每天要对眼部周围穴位进行按摩，促进血液循环，改善神经营养，清除眼部肌肉疲劳。

心香一瓣

青春期的孩子正值身体生长发育的时期，眼睛的前后轴会随着年龄的增长而延长。由于平时的紧张学习或学习坐姿不正确，一些青少年就会出现近视。在寒暑假时，青少年应停半个月的学习，如果是假性近视，眼睛就会自然恢复视力，无须配镜。即使需要配镜，也不必把视力配得太好，尽量减少近视的度数。青少年配近视眼镜宜浅不宜深，切忌过度，以避免近视发展。

胡须不是用来拔的

近年来，韩剧的流行，选秀节目的热播，让年青人对容貌美趋之若鹜。青春期的孩子正在快速发育，胡须长了出来，这让很多孩子感到不安，觉得有损自己光洁的容颜，也怕同学朋友笑话自己"未老先衰"，因而心神不宁，甚至耿耿于怀。其实，这是对青春期表征的错误认识。

我今年13岁了，以前嘴唇上有一些很微细的胡须，但最近发现胡须比以前变粗变密了。我感觉自己凭空多出来的胡须，非常影响自己的"帅度"，恨不得去之而后快。开始，我用手一根根地拔，有时看似白净了，但过了一段时间，嘴巴上的胡须比以前更多更浓了。

于是，他就形成了这样一个坏习惯，就是经常拔胡须，甚至常常拔出血来。

男孩进入青春期后，在雄性激素的作用下，口唇部位开始长出胡须，这是男性的第二性征的表现，也是男性区别于女性的一个重要特征。胡须的出现是在腋毛出现后的一年左右，也可能早一些。这时候的男孩已经接近性成熟期，即由一个调皮可爱的小家伙变成了身体魁梧、肌肉发达和声音洪亮的男子汉了。这意味着自己将要在社会上承担更多的责任，如果犯了错误，人家不再认为他是一个少年而原谅他。

胡须是毛发的一种，同样分为三部分：露出皮肤外面的叫毛干，埋在皮肤里面的叫毛根，毛根末端的膨大部分叫毛球，毛球下端的凹陷部分叫毛乳头，毛乳头里含有神经末梢和血管，它供给毛发感觉。毛根周围的袋状结构叫毛囊，它与附近的皮脂腺相通。只要有毛球、毛乳头和完整的毛囊存在，毛发就能再生。胡须发育成熟后，大约有16000根。

作为一个现代的青春期男性，应该坦然地接受自己的第二性征，为自己离成年男性又近了一步而感到高兴，并做好身体、精神和知识等各方面的准备，以迎接人生的考验和挑战。这是人生自然的现象，但是，有一部分男孩对自己胡须产生厌恶之感，认为自己的胡子不好看，影响脸部形象，便用手或镊子一根根地拔，这其实是一种不良的习惯。

这种不良习惯会给自己的健康带来一定的危险，首先，拔胡须时非常疼，并造成毛囊和皮脂腺损伤，细菌便会乘虚而入，从而引起毛囊炎和皮脂腺炎。更严重的是，胡须生长的部位正处于"危险三角区"内，造成细菌感染后，细菌可能侵入脑颅，引起脑膜炎和大脑炎，给人体带来更大的危害，甚至有生命危险。

厌恶胡须主要是由于心理因素造成的，是基于对自己相貌的担心，还可以反映出对自己性别特征的认可问题，也就是极少数人的异性癖。其实，男子的胡须是一点点长起来的，不是一下子就"胡子拉碴"， 最初只是稀稀拉拉地长出几根来，然后再一点点长齐。通常，青春期男孩的胡须还不像成年男子那样浓密，平时只需做到面部干净即可。如果胡须非常浓密，青春期男孩应学会剃须，剃须的方法如下：

首先，温水洗面。应先用温水洗干净脸，待毛孔放松张开、胡须变软后再开始剃须。

其次，用剃须刀沿脸颊、脖子开始，再到嘴唇周围及下巴处。注意，为了防止血液传染病，比如，艾滋病等，不要跟别人混用剃须刀。

最后，剃完须后，用温水洗脸，着重洗胡须的部位，再用凉水冲一下，这样有利于张开的毛孔收缩复原。再在剃须部位涂些滋润液、霜等，以安抚皮肤，减少刺痛。

心香一瓣

在生活中，有一些青少年认为自己的胡须影响美观，非常厌恶自己的胡须，因此老是拔自己的胡须。其实，拔胡须是没有效果的，拔掉的只是毛干、毛根。由于拔不掉毛球、毛乳头和毛囊，因此，一段时间过后，胡须仍然可以顽强地再长出来。

预防驼背

现在的社会竞争激烈,形体要求较高,一个驼背的人直接丢失了人际相处中的印象分。驼背不仅给人带来不雅外观,而且是一种疾病,给人带来疼痛等痛苦,在疾病后期,疾病的症状消失,但胸椎的后凸畸形永远存在,晚期出现脊柱的骨性关节改变。所以,对于青春期孩子来说,预防驼背至关重要。

我小时候驼背很厉害,常被别人叫作"小老头",但学过几年舞蹈之后,背往上直了好多。但如果平时不注意的话,自己还是会有弓着背走路的习惯。一次走在大街上,一位父亲指着我的背影对他的儿子说:"平时如果不注意身体姿势,这位哥哥就是你以后的样子。"我听了非常难受,现在已经18岁了,想彻底改变这种不良的习惯,但不知这种从小养成的习惯会很难改吗,要从哪些方面做起?

青春期驼背症,又叫"少年驼背症",发病的孩子都在10岁以上,以13岁以上的青春期孩子最为多见,男孩子多于女孩子。

驼背是一种病,即一种较常见的脊柱畸形,它不仅影响人体外形的美观,严重者可使胸廓变小,继而影响肺、心脏及消化系统的功能。得了此病的孩子早期症状有背部酸痛不适,比较明显的僵硬感。如果在劳累后,自身不适和疼痛加重,休息即能缓解。长此以往,脊柱胸段后凸逐渐加大,伸直困难,背部呈圆弧状向后隆起。这时,被动及主动活动均不能改变后凸畸形。

为什么孩子会驼背呢？这是因为，脊椎的负载能力与其承受的负荷的平衡失调了。具体如下：

一是，椎间盘的过早退变，髓核（软骨细胞和蛋白多糖黏液样基质构成的弹性胶冻物质）逐渐出现退变，水分丢失，弹性减少，导致椎体面产生不均匀应力；二是，平时一些活动导致椎体的负荷过度增大，引起软骨的损害；三是，血供的紊乱使骺板的血液供应减少，降低了骺板的生物强度。

孩子如果在学习或活动中，坐姿不正确，容易引起脊柱发育不良，造成畸形，从而使得青春期孩子驼背。孩子发生严重的驼背时，应立刻去医院进行医疗矫正。驼背较轻的孩子可以进行一些矫正，来达到纠正驼背的目的。措施如下：

第一，要保持良好的身体姿势，无论是站立，还是坐着，应尽量伸展胸背，要避免过多的弯腰或负重活动。

第二，加强背肌训练，限制后凸的加重。

第三，不睡软板床。孩子睡觉时，不应垫太高的枕头，不睡较软的床垫，以保持身体的伸展。

第四，采取一些特定的动作，来纠正驼背：先在脊背下垫枕头，使头向后仰，坚持15～20分钟，早晨起床前再重复一遍；或并腿站立，两手持体操棒放在背后肩胛骨水平处，做挺胸与松弛交替动作，也可做腹背运动和左右转体动作；或者分腿站立，两手在身后握体操棒，用力向后上方振臂，同时抬头；坐在椅子上，使整个背腰部紧贴椅背后，手互握，手心向后，然后尽力将双肩后挺，头部略向后仰，保持这种姿势10分钟，每天6～10次；或者平躺在地板（或床上），以头和脚为支撑点，把身体拱桥似的撑高，停留约10～15秒后，让身体平躺至地板，反复做20～30回；或者自然站立（同上），双手手指交叉，掌心朝上，吸气的同时，朝头顶做托天动作，抬头挺胸，并提起脚跟，然后一边缓缓吐，一边放下双臂，反复做二三十回。

心香一瓣

青少年驼背，即青少年习惯性脊柱弯曲，该病分为脊柱侧弯（向左和向右侧弯）和脊柱后凸两种。脊柱弯曲既影响体形健美，又会挤压与脑、脊髓相关的脑神经、脊神经、内脏神经，造成神经障碍，导致青少年记忆力下降、反应迟钝、智商偏低。总之，驼背同近视一样，是危害青少年健康成长的一大公害。

减肥要有度

青春期的孩子都希望自己不肥胖，特别是女孩子，她们甚至不惜一切代价保持身材苗条。一些身材较胖的女孩子在减肥的道路上走了弯路，到头来损失了健康，得不偿失。

我今年20出头，正读大一。我身高只有1.66米，但体重已经达到了82千克。就连我最要好的女友要我的身材恢复到高中时才和我相见，意味着我要减掉30多斤的体重。因为胖的缘故，所以心里很苦恼。自己无论穿什么衣服都不好看，体形跟一个大包似的，弄得自己不自信。有时，自己看到别人的身材很匀称，打扮得又那么潮，心里那叫一个羡慕。我现在天天进行体育锻炼，但一跑过400米，就感觉大腿像千万条小虫在咬似的，疼痛极了，效果也不明显，真不知怎么办才好。

青春期，是人生的花季，这时的青少年开始关注自己的身体变化，注重自己的形象。肥胖对青少年来说，是一个敏感的词汇，唯恐避之不及。因此，每个青春期孩子都希望自己有一个适中的身体。每个体型较为肥胖的孩子都想把自己的体重减下来，并认为越轻越好。

这是由于，现在社会对女性的审美标准在于苗条匀称，即所谓的"骨感"。人们的观念一向如此——只有瘦的，才是美的，瘦的程度越高，美的程度也越高。所以，现在青春期的女孩子对自己的身体非常"苛刻"，甚至到了无以复加的地步。

孩子们的愿望是好的，但一些孩子却走入了误区。

不可否认，保持一个苗条的身体有助于人的长远发展，对以后人生能否找到一个好工作、好对象……具有很大的关系。但是，健康第一，减肥要适度，不要因为减肥而影响到身体的健康，而抱憾终生。在这里，先了解人为什么会肥胖呢？

肥胖的原因很多，但主要是由不健康的饮食习惯和不良的生活方式造成代谢缓慢，导致摄入的热量多于消耗的热量在体内转化成脂肪而造成的，还有一些疾病所导致的肥胖，具体来说，就是：

一是饮食不当，一些青少年饮食过量或严重偏食，造成营养过剩，导致肥胖；二是活动不足，导致能量积压，到了一定程度，形成肥胖；三是疾病，脑垂体肿瘤，甲状腺功能异常，肾上腺皮质激素分泌不受约束，导致身体肥胖等；四是减肥不当，一些青春期孩子减肥时，三天打鱼，两天晒网，毅力不足，导致肥胖卷土重来；五是服用激素类药物，一些激素类药物也可导致肥胖。

人通常需要保持一定的体重，稍微胖一些对身体的健康有好处，但过于肥胖时，就成了身体的负担，为以后人生的各种慢性病埋下了伏笔。从精神层面上讲，青春期的孩子一旦肥胖容易心生自卑，怕别人的负面评价，认为自己和别人不一样，常常觉得自己不如别人，会对自身的生活和学习产生不良影响。因此，预防肥胖应从早期开始。比如：

第一，要树立正确的审美观。胖不一定不美，追求苗条和漂亮本身没有错误，但是凡事一定要有个合适的限度，过了这个度好事也会变成坏事，减肥也是如此。不再把苗条当作唯一体现自己价值的东西时，一个人对于自己和别人来说，内在美是比外表更能赢得别人关注与欣赏的地方，让孩子明白自己爱自己。

第二，建立独立、完善的个性。随着人的成熟，思想的越发独立和完善，对外界事物的分析能力逐步增强，就能更客观、理性地面对美的标准，正确认识自己的体重。

第三，控制饮食。一般的肥胖都是由于吃得太多而又动得太少引起的，多余的营养没有消耗，逐渐转变成了脂肪，所以减肥首先就要控制饮食。应该适当限制高脂肪、高糖类的食品，多吃蔬菜、水果，少吃零食，吃饭的时候吃七分饱或者八分饱就可以了，要控制住食欲，不要吃撑了还继续吃。

第四，加强体育锻炼。有些肥胖的青少年，并不比正常的孩子吃得多，而是活动比其他孩子少。所以要想减轻体重，增加运动是很必要的。肥胖的孩子应该多参加集体活动，尤其是游泳、打球等运动，对于减轻和预防肥胖是非常有益的。

第五，减肥一定要方法得当。不能为了快速减肥而采取不科学的方法。比如过度节食、熬夜或不休息、限制饮水、乱用减肥药、不吃脂类食品等，这些做法不仅减不了肥，还会对健康造成很大的损害。

第六，不使用药物减肥。药物有时确有减肥效果，但一旦停药，肥胖往往卷土重来，而且，药物减肥常常有害健康，这种减肥是不足取的。

心香一瓣

> 运动可以减肥，最有效的减肥运动是有氧运动，特别是那些能量消耗较多的运动，比如慢跑、爬山、球类运动、游泳和快速走路……做这类运动时，最好一次性做完，中间不要停止，且每次运动消耗热量须达300千卡。在体征上，这些运动量会造成心跳加快，或流汗。

少穿紧身衣裤

青春期是身体飞速发育的时期,这时的你如果穿紧身的衣服,就会影响到"身体的扩展"。对于女孩子来说,在体内激素的作用下,乳房开始发育,脂肪沉积,体型越来越倾向于成年的女性化,这时如果穿紧身衣裤,势必会影响身体的正常发育。

我是一名16岁的女生,长得有些丰满的那种,说白了就是有点胖,所以我非常喜欢穿紧身衣服。因为穿肥大的裤子时,感觉自己有些臃肿、拖拉、不利索,感觉不爽。穿上紧身衣时,我就感觉自己很骨感、合身而时尚,是一个亭亭玉立的小姑娘。在班级里,紧身打扮能赢来不少同学的目光,自己也有了自信的感觉。

时下,青春期孩子迅速发育,精神和心理发生了急剧的变化,快速地向成人靠拢,他们爱美,想像成人那样自由地生活。特别是街头流行的紧身衣倍显人体的柔美曲线,便心生羡慕,于是跟风,自己便让父母买。另一方面,广告媒体铺天盖地的宣传,加上一些明星示范效应,让孩子更加倾向于紧身衣裤的时尚审美观念,认为这样更时尚,更能体现自己的个性。

其实,这样做是对健康很不利的,甚至有相当大的危害,这是因为:

一是,乳房迅速发育,脂肪沉积,在臀、胸、腹等部位愈加呈现成年女性的身体特点,紧身衣裤则容易影响乳房等有关部位的发育,反而容易失去成年女性的曲线美,最重要的是影响身体功能的发挥,给自己带来终生遗憾；二是，青春期孩子胸廓发育，肺活量增强，紧身衣裤必然会影响胸廓的增大与扩张，阻碍肺的发育，减少肺活量，影响呼吸功能；三是，紧身衣裤容易使身体许多重要脏器，如肠、胃、子宫、卵巢等不能"自主"发育，还会影响身体的自主活动，使腹部的血液供应受到限制而使腹腔脏器供氧不足，从而影响其生长发育及生理功能；四是，影响生殖。特别是对那些青春期的男孩子来说，性器官阴囊内包裹着睾丸。阴囊皮肤对外界温度的高低敏感，有助于散热。当外界温度降低时，刺激内膜的平滑肌和提睾肌收缩，使睾丸位置升高，阴囊皮肤就紧缩成密密的皱褶，防止散热。而紧身衣裤则改变了这一规则，反而不利于生殖；五是，脖子上的领带如果过紧，可能压迫颈部血管，妨碍大脑供血，引起头昏眼花、视力减退等疾病；六是，导致手淫，穿紧身内裤会约束阴茎的勃起，这种约束可能会引起频繁遗精。如果是沼满自溢这种形式的，完全属于正常生理现象，可听其自然不去理会它，但到了精神不振等症状，影响到学习和正常生活时，可能会造成一定的心理负担。

因此，青少年朋友们尽量少穿或不穿紧身衣裤，应穿宽大轻松的衣裤，应以舒服、遮体为宜。青春期的孩子就这样做：

首先，青春期孩子应少穿或尽量不穿紧身牛仔裤。买牛仔裤时，应选择稍大、透气性好、布质量好的裤子为宜。

其次，为自己准备几套比较休闲的衣服。宽松衣服具有特殊的透气功能，能够让你的毛细血管内的血液畅通无阻，改善局部的血液循环，同时由于皮肤表面通风良好，体表的汗液能够畅通无阻地蒸发出去。细菌也就没有了存在的土壤，一切由细菌引起的身体疾患也就会销声匿迹。

再次，运动时不穿紧身衣裤。宽松的衣裤还可以让你轻松地运动，而不会像紧身衣裤那样，每动一下都要"心惊胆战"。它们特有的宽松透气材料能让处于生长发育期间的青少年不受任何束缚，从而使青少年在青春发育期更加健康和充满活力。

心香一瓣

紧身衣裤紧贴身体,时间久了,会导致血液循环不畅、局部供血不足、神经受到压迫,严重时还会使臀部、大腿和外生殖器感觉功能降低,从而影响骨盆、生殖器的发育。而且,久穿紧身裤会使局部毛细血管受压从而影响血液循环,增加与皮肤的摩擦,极易造成会阴充血水肿。如果再加上不注意会阴部的清洁卫生,容易引发泌尿生殖系统感染。

锻炼是对身体的最好防护

青春期孩子进行体育锻炼既有助于提高身体素质，又对孩子的身高有帮助。那些进行过充分锻炼的青春期孩子，血液循环能力强、肺活量大、骨骼坚实，可以使身体完全地得到发育。因此，对于青春期的孩子而言，每天的锻炼不应少于一个小时。

我喜欢体育运动，没有什么比它更能给我心灵的震撼，也没有什么比它能给我超越的感觉。我尤其喜欢篮球，现在篮球成了我亲密的伙伴，在它的陪伴下，我迅速地成长着。

一直喜欢那种感觉：不停地跑来跑去，有时候拍着球，有时候踢着球，有时候抢着球……还有，运动过后那种大汗淋漓的感觉。上小学时，我特别喜欢体育课和中午饭后休息，因为上体育课时，老师会让我们打篮球、棒球或踢足球。

到了现在的中学，我参加了学校的排球队和足球队，刚开始没被选上，但后来我发现下学期还会有机会。于是，我就有意多练足球，以便为下一年入选作准备。经过一年的努力训练，上八年级时，我终于被选入了学校足球队，上九年级后，我还在踢球。现在，我们的足球队经常跟其他各校进行踢球比赛。在比赛中，我学到了很多东西，尽管有时比赛会打得挺晚，可我觉得时间没有浪费，足球一直是我最喜欢的运动。

人身体素质的优劣是以各种活动来实现的，比如，跑步可以锻炼双腿，俯卧撑可以锻炼双臂，扭动身躯可以锻炼身体关节灵活度……当然，人即使不锻炼，也会自然成长，但如果没有活动的激发，身体各系统和组织就得不到有效激发，身体不能最大限度地达到"最佳运行状态"。

据有关专家调查和研究显示，经常参加体育锻炼的儿童比不参加锻炼的同龄儿童平均高4~8厘米，而且体质也较好。这是因为：

第一，可以提高运动系统的功能，人体的运动是以骨骼为杠杆，以关节为枢纽，又以肌肉的收缩为动力来实现的，长期而合理的运动可以使骨密质增厚，骨干变粗，骨小梁排列更加科学，从而增强骨骼和肌肉的耐受力。

第二，促进身体的消化和吸收，体育运动增加了人体能量的消耗，从而提高胃肠的消化和吸收功能，使整个肌体的代谢能力得到提高，比如，肝、胆、胰等消化腺分泌量增加，使运动神经中的交感神经的兴奋性得到提高。

第三，增加肺活量，体育运动可以增加呼吸道平滑肌的舒张性，使肺泡的扩张性和弹性得到提高，最终使身体的肺活量增加，换气率提高。

第四，增加肾功能，进行体育运动时，肾脏的血液供应量减少，这部位出现不同程度的缺血，功能负荷下降，但运动结束或处于安静状态时，血液量增加，能够增强营养的吸收。

第五，提高循环系统功能，长期而合理的体育运动可以增强心脏的心肌纤维，增强心脏的收缩力量，降低脉搏，使血液中的高脂胆固醇下降，有利于防止动脉硬化等冠心病的发生，等等。

第六，提高神经系统的调节能力。任何活动都会对神经系统形成刺激，当人体运动时，神经系统中调节运动的功能就会加强，与之相对抗的神经调节功能就会抑制，而平静时情况正好相反，这样反复兴奋和抑制的刺激，必然会提高神经系统的调节能力。

第七，提高人体的免疫能力，体育使以上各系统的功能得到增强，那么人体的免疫补充的功能也一定会相应得到提高，即增强了人体免疫细胞对病原体的抵抗反应，体格健壮者很少去医院就是这个道理。

第八，愉悦身心、延缓衰老，运动可以缓解紧张的情绪，有效治愈神经紧张的患者，而且，人借助身体运动，既陶冶了情操，保持了愉悦的心情，又丰富了文化生活。

总之，青春期是身体快速发育的过程，处于青春期的人越锻炼，身体各组织和系统就会越受到一定的刺激，从而使身体的灵敏性增强，提高身体素质。那么，孩子要参加哪些对身体健康有益的活动呢？适于青春期孩子的活动很多，比如，各种游戏以及体操、溜冰、游泳、短跑、跳跃、投掷、球类和儿童广播体操等多种多样的体育活动。

体育锻炼虽然对人的身心具有很好的作用，但也要讲究科学锻炼，持之以恒，才能达到预期的效果。因为人体是复杂的有机体，体育运动的方法又多种多样，要想有效增强体质，就要采取科学的锻炼方法，这样既可以防伤防病，又可以增强体质，使我们拥有一个健康、强壮的身体。具体如下：

明确锻炼目的，选择一定的体育活动，有目的地锻炼身体，加强身体的薄弱环节。

选择锻炼方式，以达到健壮体格的目的。

注意锻炼强度，锻炼要有度，有始有终，持之以恒，切忌一口吃个大胖子，还忌三天打鱼，两天晒网。

衡量自己的锻炼条件，人与人之间存在着身体差异，如年龄、体质、爱好、性别、习惯等。人与人之间也存在着环境条件的差别，如地域、气候、家庭、学校、社会等。总之，要因地、因时、因人制宜，选择自己适合的、力所能及的锻炼项目，这样才能更好地防护身体。

心香一瓣

　　在青春期,青少年不仅应加强灵敏度和速度性的锻炼项目,也应加强力量素质锻炼,比如,单杠的引体向上、屈臂悬垂、纵跳、哑铃和投掷等。当身高增长减慢时,应逐渐增加负荷,以增强肌肉的力量。

　　重要的是,锻炼不要过度。人的心肺系统从发育到健全比其他系统晚,30岁才能定型。因此,青少年时期必须注意保护心肺系统。其运动量和强度均不宜过大,以防窒息、休克、虚脱和猝死等意外事故的发生。若加大运动量的训练,则必须在条件较好的医务部门监督下进行。

远离酒

一般人都知道，酒的害处比较多，可以导致胃病、肝病等比较严重的疾病，即使是成人，也要提倡适量饮酒。而对于青春期的学生来说，他们不应饮酒。因为青春期的学生正处于身体的关键发育期，身体各组织器官没有完全发育成熟，饮酒后，酒精将对他们的生理功能和发育带来严重影响。

一次同学聚会，大家很开心，吃饭时，这帮小毛孩非得喝酒，我还没有喝过酒，就说酒精过敏，他们就笑话我，说我骗人，没有男子汉的气息。其实，不喝酒只聊天，同学情谊照样是自然、真切。在他们看来，大家在一起如果彼此不喝酒，甚至不喝个痛快，就不算哥们儿。试想一下，拼酒干吗呢？必要时微微意思一下，能够调调气氛也就可以了。全桌男生你逼我喝，我逼你喝，你吃饱了撑的啊？大家喝得趴下了，还一瓶接一瓶地开，这不是花钱找死吗？有两个同学几乎不省人事，被及时送到医院，我们面对人家的家长，感觉人不像人，鬼不像鬼，何苦呢？

提到酒，我们很多人都知道"酒逢知己千杯少"、"醉翁之意不在酒"……它可以给我们带来喜庆，带来精神的愉悦，但饮酒过量，带来的问题却远远大于它的益处。

特别是对于青春期的人来说，正处于身体飞速向成人靠拢的时期，如果饮酒，带来的坏处将远远大于它带来的好处。或许这对于自我意识开始膨胀的青少年来说是一项严峻的挑战，这一年龄段最容易形成过量喝酒的恶习。喝酒对青少年的坏处太大了，这是因为：

一是，酒精对神经系统带来不良影响，酒精对神经系统相当的有"吸引力"，它不仅会抑制大脑的呼吸中枢，还容易引起维生素缺乏，间接对多种神经造成伤害，比如，经常饮酒的人感觉往往比较迟钝，视觉、听觉和触觉也会不敏感，会严重影响其学习，造成学习成绩下降，严重饮酒者的大脑皮质会出现萎缩；二是，酒精对消化系统造成伤害，人体的肝脏负责酒精的分解工作，经常饮酒可导致脂肪在肝脏积聚，进而引起脂肪肝，此外，酒精还会导致胃出血；三是，酒精对情绪和性格带来不良影响，青少年如果经常饮酒，可改变其性格，使人变得懒惰、邋遢、逃避现实、狂躁和养成说谎等坏习惯，从而导致青少年性格缺陷；四是，影响性功能的发育，经常喝酒会使人的性功能变弱，甚至丧失，从而对青少年的性健康带来严重隐患；五是，喝酒严重者，可能导致休克，甚至死亡，这样的恶果在社会上已经不胜枚举。

因此，对现在的青少年来说，不提倡饮酒，更不能醉酒和酗酒。当然，到了节假日或聚会时，为了增加节日气氛，可以少量饮一些含酒精度低的饮料，以不引起任何不良反应为宜。具体如下：

第一，拒绝各种酒会。青少年要果断拒绝一切形式的酒会，这里面的诱惑可能不仅仅伤害健康，甚至对心理造成损害。

第二，将精力用在学习上。青少年的重要任务就是学习，将自己的精力用在学习上，不参与其他以酒为媒介的社交活动。

第三，深记酒的危害。在社会中，酒徒、酒鬼都是贬义词，人人避之不及，青少年要认清酒精的危害，不因酒变成劣质性格的人。此外，喝酒容易违反法律，诱发各种伤害事故，使自己走上邪路。

心香一瓣

青少年喝酒的危害很大,除了影响发育之外,还对中枢神经系统造成损害。首先,它能使神经系统从兴奋到高度的抑制,严重地破坏神经系统的正常功能。其次,过量饮酒时,严重损害肝脏,造成慢性酒精中毒,可导致酒精性肝硬化。此外,还可导致多发性神经炎、心肌病变、脑病变、造血功能障碍、胰腺炎、胃炎和溃疡病等,还可使高血压病的发病率升高,还能危害生殖细胞,导致后代的智力低下,甚至诱发喉癌及消化道癌。

不要爱上香烟

众所周知,烟酒是刺激性的消费品,有害健康,向来是敏感的东西,现在提倡戒酒戒烟就不难理解了。烟酒影响人的激素的分泌,进而阻碍身体的正常发育,严重影响身体健康,而青春期孩子正是身体发育的快速时期,所以,应远离烟酒。

刚上大学时,宿舍里有三个人抽烟,而且天天抽,一天两三包的那种。弄得我一到宿舍闻到烟味就很难受,被子里、书本里等弥漫着令人讨厌的烟味。我非常想换一个宿舍,和辅导员说了几次,都石沉大海。一次,我晚上实在被烟熏得睡不着了,怎么办?

他们三个死猪不怕开水烫。没有和他们争辩,而是反其道而行之,我一时着急说:"给兄弟一支烟过过瘾。"他们听了,非常高兴,意味着又有"烟友"整出来了。我接过他们递过来的烟,悠悠地吸了两口。自己却发现,烟并不是令人那么讨厌。如此几次下来,我竟也喜欢上了吸烟。

时下,无论是在办公室,还是在公共场所,都不允许吸烟了。因为,香烟对人来说实在是百害无一利。所以,对于成人来说,应当禁止吸烟。

青少年作为"候补"成年人,身体各功能快速发展,心中有了自己的欲求,比如,他们有很强的好奇心、表现心理、交往心理和从众心理。在这些心理的支配下,他们通常自觉不自觉、情愿不情愿地抽上了。

一些青少年对社会上的"烟民"羡慕得不得了,以为他们"非常潇洒",非常有气质,于是心里便有些痒痒了,自己也想吸了。就这样,他们往往就沾染上了吸烟的坏习惯。

其实，青少年吸烟已经成为全球性的社会现象，大约有三成的初中生有吸烟的经历，大约有五成的高中生有吸烟的经历。无论男女，均随年龄的增长，吸烟人数和用烟支数同步上升。幸好，我们国家近年来，将吸烟问题控制相对较严，大部分的孩子知道了烟的危害，而对烟"敬而远之"。这是因为：

第一，烟对青少年的危害要大于成年人。我们都知道，烟内含有尼古丁，容易引起肺病，甚至是肺癌。青少年的身体正处于迅速成长发育的阶段，身体各部分机能还不成熟，稚嫩而又敏感，抵抗力不强，容易中毒。

第二，容易引起早衰或早亡，青少年吸烟容易导致变瘦，影响下一代的发育，女性还可能导致月经紊乱或痛经。

第三，吸烟容易使人萎靡，长期吸烟会导致注意力和稳定性有一定程度的下降，同时还会降低人的智力水平、学习效率和工作效率。青少年吸烟成瘾，可能引起思维的严重退化和智力功能的损伤，严重的会导致思维中断和记忆障碍。

第四，吸烟容易让孩子滋生追求享乐的生活态度，增加父母的经济负担，会促成不良交往，诱发不良行为，甚至引发犯罪。

第五，吸烟容易导致心脑血管疾病或癌症。吸烟容易导致高血压、中风、脑血管病和恶性肿瘤。

第六，容易染上毒瘾，社会上一些无良之人，将目光盯上了天真无邪的青少年，通过烟中掺毒，使其对毒品产生依赖，从而达到控制青少年的目的。

因此，抽烟的人绝对不是很酷才会抽烟的，是因为他们有了瘾，才不得不抽的。为了祖国的未来，每一个人都有责任保护下一代的健康；为了祖国的未来，青少年应该珍惜自己的身体，珍惜自己的年华，不要吸烟了。最后，让我们大家都用自己的实际行动，投入到控制青少年吸烟的行列中去吧，这样，我们生活的这个世界才更加美丽。总之，青少年应远离香烟，戒掉烟瘾才是真正的上进和健康之道。那么，青少年如何学会拒绝香烟呢？

第一，深刻地认识到香烟的危害，吸烟有害健康，视香烟为"洪水猛兽"，彻底远离它的侵袭。

第二，学会拒绝抽烟，对别人递过来的香烟，要学会坚决而彻底地拒绝。

第三，改变观念，有的青少年认为，吸烟可以和吸烟者保持一致，促进友谊。然而实质上吸烟和友谊无关。

第四，远离吸烟场所，如果你知道哪些地方经常有人抽烟，就尽量避开这些场所，以免被动沾上吸烟的坏习惯。

第五，学会找借口拒绝吸烟，如果你的铁哥们儿劝你吸烟，你可以找一个合理的借口予以拒绝，这时的态度要坚决，不给对方留余地。

第六，要学会转移烟瘾的注意力。要经常从事有益身心的活动（如户外运动等），这样可以避免感到无聊时再度以吸烟打发寂寞。

心香一瓣

世界卫生组织认为，吸烟是20世纪的瘟疫。联合国确定每年5月31日为全球戒烟日。对成人如此，处于青春期的青少年更不用说了。禁止青少年吸烟不仅是一个卫生问题，而且也是一个社会问题。

法律法规规定，单位和个人禁止向未成年人出售香烟、酒类等危害人体健康的食品，以及危害人体安全的玩具、用具等。《规定》要求经营场所必须在烟酒专柜设置明显的"禁止向未成年人出售烟酒"的标志，任何人不得在中小学、幼儿园的教室、寝室、活动室和其他未成年人集中活动的室内吸烟。《规定》要求学校要加强对学生进行社会生活指导，教育未成年人不得吸烟、酗酒。未成年人的父母或其他监护人应当以健康的思想、良好的品行和适当的方式教育未成年人，引导他们开展有益身心健康的活动，预防和制止他们进行吸烟、酗酒、吸毒等活动。《规定》还指出，违反上述规定者，将由公安、工商和文化等部门依据《规定》予以处罚。

第二章 走出家庭生活引起的危险

家庭是社会的基本细胞，也是青少年生活时间最长、最重要的外部环境，受父母的影响最大。随着社会环境的改变，家庭也面对相应的压力和考验，家庭结构、家长教育方式和教育态度、家庭气氛、家长本人修养与作风等方面存在问题的家庭容易使青少年走上危险。作为未成熟的青少年，要正确处理家庭关系，理解自己的父母，不做出危险的行为。

没必要和父母赌气

青春期作为迈向成人的过渡期,青春期孩子在处世和意识上不能和成年人接轨,在一些事情上不够成熟,缺乏思考,往往脱口而出,出现问题容易遭受父母的批评。又因其强烈的自我表现意识和自尊,导致情绪不稳定,容易顶撞父母,和父母赌气。

李向红自从进入高三以来,就被有条件地重点保护起来了。每晚9点多上完自习回家后,气还没来得及喘一下,就被爸妈逼着继续学习。学习时,妈妈在旁边监督,成了她的"监工"。爸爸则在每晚11点的时候,准时送3个荷包蛋过来。

荷包蛋散发着诱人的香味,可飘到李向红鼻子时好像铅,沉重得让她从鼻子里面吸进去。吃鸡蛋也是每晚必做的功课,哪怕是有一万个不想吃的念头,但一看见父母期待而慈爱的目光,也得沉重得像吃铅一样咽下去,表面上吃得清香快意,内心却有如灌铅似的沉重。

这时,她最羡慕班中的刘诗琪了。刘诗琪说自己很幸福,她敢在家里说"不",敢在卫生间里大呼小叫,敢在自己客厅里听音乐……

父母对她太"好",这种好不容置辩,不容选择,让她倍感压抑,甚至喘不过气来。

在生活中,一些父母可能感觉很"委屈",他们不知道也不反思,自己像对犯人似的监视孩子,做孩子极不情愿的事情,对孩子过度关爱和管束,因而窒息了孩子,加大了他们的心理压力,孩子长期在这种压抑、紧张和封闭的环境中生活，容易产生紧张、焦虑和不满等不良情绪。父母想想，例中的孩子在如此关爱中生活会感觉快乐吗？

进入青春期后，很多孩子身高和成人看齐，甚至比一些成人高出许多，同时意识也开始向成人看齐，他们有了自己的自尊，讨厌别人叫自己"小屁孩"，成人拥有的权利，期望自己也有……

这些都说明青春期孩子开始了强烈的自我意识和参与意识，想以"主人翁"的心态参与其中。令他们失望的是，自己屡屡碰壁，根本就不受成人"待见"，这让他们很恼火，因此常常和父母起冲突。为什么会出现这样的情况呢？这是因为：

一是青春期发育的影响，这时的孩子第二性征发育、生理上的变化使其开始出现性冲动；精神上的攻击性活动增强，这也就是所谓的"青春期危机"；二是青春期孩子开始不满父母对家庭的"垄断地位"，孩子开始有了强烈的参与意识，想摆脱父母的过度保护和对一些事情的干涉，而由于经验不足，又经常出错，自尊常受到伤害而发生矛盾；三是不再听父母的唠叨，有了成人的心理，开始对父母的唠叨产生厌烦心理，这种不良情绪没有一个出口，所以累积到一定程度自然会爆发出来。

总之，处于青春期的孩子发脾气是比较普遍的现象，即使看着再温顺的孩子有时也会发脾气。需要注意的是，经常发脾气，不利于培养良好稳定的情绪，不利于健康性格的形成。

另一方面讲，难道是父母做错了吗？俗话说，可怜天下父母心。父母对子女的爱是无条件的，但也不保证会无限制地信任孩子，他们恐怕孩子走上邪路，怕孩子学坏，由此可见，父母并没因孩子的长大而感到活得轻松。总之，青少年要记住一句话：父母永远不会停止爱你牵挂你。重要的是，父母作为过来人，他们的经验、思想和洞察力都是十分丰富的，参考一下父母的建议，忍受一下父母的唠叨又如何呢？如果说，父母和孩子完全像朋友那样相处，听之任之，青少年就可能觉得自己孤独，感觉到父母对自己不关心。

因此，青少年要学会控制自己，具体如下：

首先，要放平心态，先让自己放下心来，冷静一下，考虑父母说的话是否有道理，感觉没有道理，可以和父母"讲理"，摆明自己的观点。父母一般考虑孩子的建议，觉得可行，也不会独断专行，毕竟孩子不再是以前的那个小孩子了。

其次，不妨和父母认错。青少年冲动是正常的，但发过脾气之后，要回过头来想一想，如果认为自己太过唐突，错误地冒犯了父母，如果是这样，就不妨向父母认错，这样不但有利于化解矛盾，也增进了亲子关系。

再次，多积累经验。青少年可以在生活中多积累经验，建立健全自己的心理，多在生活中反思，形成正确的世界观和人生观。青少年不妨主动和父母沟通，主动担当人生，有了问题告诉父母，并认真听取父母的建议。这样既丰富了自己，化解了亲子矛盾，又免去了父母的担忧。何乐而不为？

心香一瓣

没有父母不疼爱自己的孩子，没有父母不会原谅自己的孩子。父母的人生经验和经历，胜过你的一切深思熟虑。出于自己绝对安全的角度，青少年听父母的，可以为自己加一道安全门外，又增进了与父母之间的关系。岂不更美好！在生活中，你可以先暂时不要忤逆他们，等到天时地利人和的时候一切自然会顺利的。

刹一刹你的坏脾气

青春期的孩子荷尔蒙分泌旺盛，没有经验，做事常常不考虑后果，不管对方对不对，不考虑后果，在情绪上的表现是随意发泄自己，结果，常常做错事。

在社会生活中，青春期的孩子发脾气是常有的事，连那些平时很乖的孩子也会对自己的父母或别人"威一把"。

其实这也没有什么，"威一把"就"威一把"吧，但很多青春期孩子"威"过之后，便意志消沉，顾影自怜……以至脾气更坏，随时都有爆发的可能。

14岁的玉红就是这样的一个人。在暑假里，她过得可一点都不快乐，期末考试成绩不理想，爸爸又安排了一大堆的补习课程，哪里容得下她"自由快乐"。于是，玉红越来越沉默寡言了，总是自言自语地说："在新的学期，我不知该如何应对。"焦急的父母于是好好劝她在假期里"查缺补漏"。不说还好，她听了立刻火冒三丈，狠狠地说："一边去，不用你们管！"父母听了，摇了摇头，没再强迫她，而是带她去看心理医生。

心理医生对玉红的父母说："一些期末考试走了'麦城'的孩子，心理压力大，难以排解不良情绪，恐怕这种情绪会一直延续下去。他们常常缺乏耐力，注意力不集中，缺乏自信心，容易动怒……"

玉红的父母听了医生的话，便不再强制她了，想培养她的好心情，将不良情绪彻底忘掉。

像上面孩子"学业不适应"的问题屡见不鲜，这是因为：

他们成绩不佳，……导致自己负担加重，无以应对，只好"发脾气"了。具体来说，是因为：

一是青春期孩子荷尔蒙分泌旺盛，性格容易急躁，一遇到一些事情，"火"就被立刻点燃起来了；二是孩子不能适应学校的新环境，换了新的环境后，比如升入初中、高中后，倍感陌生，心理焦躁得不到排解而发脾气；三是不适应学习而导致压力倍增，引起发脾气；四是人际障碍，一些青少年由于自私、冷漠和性格内向等方面的原因，不善于交流，屡遭同学们的轻视，感觉心烦意乱和忧郁苦闷而发脾气。

青少年不管以哪种原因引发的脾气坏，大多会感觉注意力不集中，记忆力下降，或出现头昏脑涨，入睡困难等现象，甚至会诱发心理疾病。因此，一定要密切关注这一阶段孩子的成长，在入学教育方面要做到位，使孩子尽快适应由小学生向中学生角色的转变，以健康的心态投入到生活中。那么，要求孩子如何做呢？

首先，正视自己的敏感期。自己处于青春期虽说可以理解，但也不要一味地发脾气，因为没有一个人喜欢这样的孩子。试想一下，同学们都是这样的人，相互发火该是一件多么可怕的事情，同学之间的友谊如何存在和维持？

其次，凡事三思而后行。要想让自己不发脾气，在遇到事情前先不急于发表自己的见解，考虑了一番再决定，学会忍耐，变得成熟一些，深邃一些，就不会乱发脾气了。因为发脾气对事情的解决没有带来任何好处，还增加了阻力，又何苦呢？

再次，多走出去。在周末，你在学习之余，可以亲吻大自然，体会天地的宽广和胸怀，你会发觉，比起大自然，比起茫茫宇宙，人世间的那点事情又算得了什么呢！这样，自己就会豁然开朗了。

最后，将精力用在自己的人生理想上。你可以成绩不那么优秀，但你不能放弃，不能没有理想。一旦你对理想执著起来，所有的困难也不过是小石头而已，无数人的经历都是如此，你还恼什么呢？

心香一瓣

> 　　对父母发脾气时，你要想想，发生的事如果是你无中生有，那你就要向父母道歉。然后，学会换位思考，理解父母。你有没有想过，凭什么父母就得对我们任劳任怨，就得接受我们一些无关的指责？这个世界上没有谁必须对谁好。但即使有一天，全世界都抛弃你，可是唯独，只有父母不会，因为不论我们做了什么事，我们始终被他们当作了一切。
>
> 　　如果知道自己错了就要努力改正，尽管改正不是一朝一夕的，但只要你愿意，就可以改的，慢慢来，不要急于求成，一步一步脚踏实地的，直到改正。

离家出走是一种愚蠢行为

青春期孩子有了意识的觉醒，有了行动上的自觉性，也有了独立的意识。当发现自己的环境不合自己的意念后，便容易走上离家出走的道路。可离家出走，虽然带来了空间上的自由，但致命的危害也伴随其中。

毛小犁是一个中学生，学习努力，但成绩一般。毛小犁的爸爸脾气坏，只要他做的有什么不对的地方，就会招致爸爸的耳光或皮带。一连几次下来，毛小犁开始怀疑自己，自己到底是不是爸爸的儿子，甚至一度怀疑自己是从外面抱养的孩子。因为爸爸对自己不好，才大发淫威的。一次英语考试过后，他拿着一张不及格的单元试卷，交给爸爸。爸爸只瞄了一眼考卷，便怒不可遏，扬手给了他一记响亮的耳光。

摸着火辣辣的脸庞，毛小犁这次哭了，哭的不是脸上的疼痛，而是对爸爸的怨恨。接下来，他听父亲生气地说道："你的英语居然考不及格，我怎么生了你这个不争气的东西，这么差的成绩，还有脸拿给我看。"

毛小犁恨恨地说道："你只会打我，把所有问题都归结在我的头上，你反思过自己吗？我根本就不是你的亲生儿子，你干脆打死我算了。"火气暴躁的爸爸被他彻底激怒了，抽出了腰间的皮带，"啪啪"地往他身上抽，边抽边骂道："今天就打死你，看你不好好学习……"一周后，毛小犁真的离家出走了。

在各种媒体上获悉，每年离家出走的青春期孩子不在少数，这既是一种极端行为，也是一种自私的行为，表面上是惩罚父母，其实不如说是把自己推向危险的境地。

尽管离家出走的孩子无数，却发现他们最终的归宿，还是不得不回到父母生养他的家。这算是幸运的结局，但也有相当一部分孩子从此走上绝路，严重伤害了父母不说，还付出了沉重的人生代价。因此，离家出走是一种非常愚蠢的行为，这是因为：

一是给自己带来恐惧，青少年一旦出了家门，就像浮萍一样，四处漂流，居无定所，还得自己去"谋生"，但经验很少，只能做一些低级的活计，生活不如意还可能铤而走险，走上犯罪的道路，或走上自杀的道路；二是，容易遇上危险，出走后，容易遇到坏人，给犯罪分子可乘之机而走上邪路，甚至有生命危险，这是一生都弥补不了的；三是，严重伤害了父母，给父母带来了极大的痛苦，试想一下，有什么地方比家庭更温暖？有什么比父母更疼爱自己？亲子矛盾难免发生，为什么不去沟通、克服或找同龄人解决？四是，荒废了学业，人为什么要学习，无非就是长大后有本领，这样才能更好地生活，这样才能使我们这个世界更美好，一旦荒废了学业，便跟不上时代的步伐。

因此，离家出走是一种最愚蠢的方式，远离了父母，远离了同学，远离亲戚，也远离了老师，这些人可都是自己最重要的人。因此，与其离家出走，不如静下来好好想一想利弊得失。

那些正在离家出走的青少年不如立刻回到家温暖的怀抱，立刻向父母承认错误，并改正错误，学会做生活的强者，从而在以后的人生竞争中立于不败之地。要想达到这样的效果，青春期的孩子就要做好以下几点：

首先，正确看待父母的严厉教育。没有一个父母不对自己的孩子好，批评孩子是为了爱护孩子，让孩子有出息。或许，你的父母采取了极端的方式，付以打骂，这说明自己让父母非常生气了。你可以等父母平静后，和父母讲理，相信没有一个父母是不讲理的。

其次，正确处理人际关系。青春期孩子的生活环境不一样，性格也不一样，有的孩子面临紧张的人际关系。这时，自己要自省，是自己的问题，就要试着改正和适应，不是自己的问题则置之不理，做好自己的就可以了。不要为了几个人而离家出走，如果自己争取友谊，相信没有人会拒绝你。

再次，不要讨厌学习。有的青春期孩子为了逃避沉重的学习负担，向往所谓的"美景"，便上"江湖"闯荡一番，从而产生逃学或离家出走的想法。无论是谁，要想有所成就是必须学习的，哪怕你是最后一名，重要的是要坚持和克服，只要用心，你的成绩不可能永远垫底。

最后，要与父母多交流沟通。作为青春期的你，一定要经常和父母交流学习和生活，有了问题及时寻求帮助，而不要害怕父母批评自己，有时批评也是一种进步，这样才能使自己行走在正确的人生轨道上。烦闷时，也要找父母倾诉，也可以让父母带着自己放松……

心·香一瓣

> 离家出走会导致严重的后果。首先是苦了你的父母，工作受到影响，打乱了他们原来的生活秩序，并造成了精神上的极大困扰，心理压力加大。处于青春期的你，既没有学历，也没有工作经验，根本无法在外面长期生活，有可能被具有不良企图的社会上的人利用，在身体上和精神上遭到侵蚀。

正确对待父母亡故

　　青少年因为父母亡故而失去了一方的抚爱，心灵变得更加敏感，容易出现各种问题，因此，这部分青少年成为全社会关注的一个群体。这种情况下的他们要比那父母离异的倒是强许多，因为孩子常常能化悲痛为力量，凭自己开创出属于自己的一条道路来。

　　刘思雨今年15岁，生活在一个残疾人家庭里。他的妈妈是一个残疾人，靠微薄的退休金度日，而爸爸去年因病去世了。他的爷爷是一个蛮横无理的人，在他爸爸死去后，还经常找妈妈要钱，甚至把家中的房子抵押出去。而且，爷爷把他们看作是外人，不仅不管不问，还做出许多不可理喻的事情来。祖辈的无情无义和漠不关心，让自己受尽了亲戚的歧视和冷落。在学校，他默默承受着老师和同学对他的轻视，甚至还有不少同学的殴打，就连老师有时也不分青红皂白地批评他。所以，刘思雨常常感觉很委屈。

　　后来，残疾的妈妈帮他转了学，但不知哪一天自己的家境被新学校的孩子知道了，同学们照样欺负他。刘思雨彻底失望了，时常感到莫名的紧张、害怕，以至于想逃离这个世界。他开始无端地"胃疼"、"头疼"……想尽各种借口逃避上学。

　　残疾的妈妈慌了，立刻带孩子到医院诊断。妈妈向医生说明了孩子的病情后，心理医生对刘思雨说："你说说看，自己到底是一个什么样的人？"孩子脱口而出："冷漠、敏感、怕受伤害。即使别人偶尔对我好，我心里也是充满了疑问，对方是否别有用心？我渴望一个新的生活，新的开始，但新的生活又如昨日。"

那些父母一方亡故的孩子由于平时和父母中的一方生活在一起，不能得到父母完整的爱，导致孩子的心理出现各种各样的问题。这是因为：

如上例中的青少年会受到伤害，他们不仅不能得到父爱，却还常常受到祖辈的伤害。更令孩子不能忍受的是，自己长期受同学的歧视，心灵严重受伤，也容易走向歧途。在这些伤害的影响下，渐渐出现任性、脆弱和胆怯等不良心理特征。有些父母由于不能给孩子完整的爱，往往采取在物质上补偿的方法，无节制地满足孩子的各种需要，却使孩子养成花钱大手大脚和自私的坏习惯。

单亲的青少年时常处于孤僻和自卑之中，无时无刻不在期盼着亲人的爱。在那些家庭完整的孩子面前，单亲孩子总有一种羞辱和自卑的感觉。在学校里，他们害怕填写学籍表，有的孩子在无奈之下，仍填写原来的亲人，丝毫不透露父母离异的痕迹。

有一天早晨，单亲孩子邓小兵发烧到40摄氏度，头脑昏沉地躺在学校的宿舍里。老师发现后，立刻通知了父亲，但父亲直到下午3点多才赶到学校。见到父亲，邓小兵哇哇大哭，此刻的他多么需要亲情的抚慰啊！

对于青少年来说，父母亲的角色都是必要而不可代替的，缺乏一方都将严重影响孩子的心灵健康。而单亲孩子只拥有父母中的一方，这种爱是残缺不全的，而且，他们可能常常目睹了父母之间的争吵、打闹，使其稚嫩的心灵遭受无情的伤害。单亲孩子如果处在青春期，他们将表现得更加叛逆和极端。那么，这些孩子要如何做呢？

第一，正确面对现实。家庭离异后，自己是无辜的，要保护孩子的自尊心不受伤害。单亲孩子最需要情感上的支持和补偿，父母中的一方要尽可能地多关心、体贴孩子，有效减轻孩子的焦虑、害怕和自卑等不良心理。

第二，以正确的态度看待父母离去。父母一方去世一旦变成现实，便不可挽回，自己只有坚强起来，对待一切。

第三，转移自己注意力。面对父母一方的突然离去，青少年应学会转移自己的情感，或者化悲痛为力量，专心致志地学习或做一些有益的活动。

第四，学会宣泄。单亲青少年处于心情低谷时，应向其他亲朋好友诉苦和谈心，以疏解心中的烦闷，达到治疗心灵创伤的目的。

何必太叛逆

虽说青春期是一个叛逆的时期，但叛逆就意味着反其道而行之，必有叛逆的代价和教训在里面。何必太叛逆？父母都是一步一步走过来的人，知道哪里有险滩，哪里有风景，何不多听听他们的建议，未必无益。

儿子自从上了初中后，开始变得叛逆。我们觉得在情理之中，儿子进入青春期了嘛，感觉长大了，有了独立意识，渴望摆脱束缚。为了应对孩子的这一特殊时期，我们尽量给儿子更多的自主权，让其自由地安排学习计划、作息时间和兴趣爱好等。我们自认为是比较开明的父母，平时面对儿子的不佳表现，我们都委婉地告诉他，以建议的形式供其采纳。

最近，孩子的新学校建成了，离家远了，孩子不得不住校学习，我们只能在周末见到孩子了。但我们发现，孩子自从住校后，开始很高兴，与我们描述学校的新变化，后来却变得越发深沉起来，与我们的交流日渐稀少，从不主动提及在学校里的生活。渴望关心的我们每当问起他的学习和生活时，他要么沉默，要么就用一两句很不耐烦的话把我们顶了回去。

周末，我们总要改善一下孩子的生活，做了儿子平时最爱吃的东西，可孩子似乎对此不屑一顾，兴趣不大，表现出漫不经心的样子。在家的大部分时间里，他都是一个人关在自己的房间里，喊他吃饭，还一脸的不高兴。

这回，我们纳闷了，有时感觉儿子学习辛苦，总想为其多做点什么。可孩子一点不屑，无动于衷。我们想自己为什么不讨儿子的喜欢呢？

与父母相处习惯的孩子在外要一个人处理人际关系，一个人面对生活，可能对孩子来说，极不适应，心里感觉憋闷。即使回到家，也不能从压抑的学校生活中反应过来。父母应接受孩子，最好成为孩子的倾听者，并找到一个办法让孩子开口。这个办法可以是一次快乐的旅行，也可以是一次高兴的聚餐，总之，父母要尽量做高兴的事儿，把孩子调动起来，把孩子"激活"，接下来的教育就变得简单了。

　　孩子长到一定年龄（青春期）时，便不再听话了，这就是人们常说的"翅膀硬了！"可以理解的是，青少年年龄大了，有了自主权，有了强烈的参与事情的意识，但也得听听上一辈人的忠告吧。

　　问题就在于孩子"初生牛犊不怕虎"，听不进父母的话，偏要和父母对着干，结果做错事情，留下了深刻的教训。所以，青少年在做事时，听一听父母的唠叨也是一种幸福，这是因为：

　　一是吃一堑，长一智。父母毕竟是过来人，他们在人生的征程中，积累了比较丰富的经验，他们更懂得让孩子如何走才不至于摔跟头，他们对孩子的关心甚至胜过对他们自己，从这个角度看，父母的唠叨和严厉，甚至打骂就不难理解了；二是人生的机会不多。真正属于人的机会并不多，如果抓不住就等于放弃好的前途，虽说失败了还可以重来，但有的时候给人的机会不多，甚至只有一次，失去便不再来，关系一生的幸福，因此得倍加小心和珍惜；三是报答父母。自己从小长到大，父母付出了很多心血，不听父母的，听谁的？而且听父母未必是错事，以此尽自己的孝道，也是应该的吧；四是，自己的选择具有不确定性。或许自己的选择很美，很光彩，但实施起来未必可行，甚至会摔跟头；五是和父母讲道理。如果确定自己的目标而坚定不移，也不是坏事，可以坚持，也没有必要叛逆，可以说服父母嘛！相信，每个父母最终都会支持孩子的。

　　鉴于此，青少年何必抱着未来不确定的命运去裸奔呢？当然，青少年可以坚守自己的人生目标，但这与叛逆没有多大关系。因此，在很多时候，我们何必太叛逆。

青春期作为一个特殊的阶段，青少年应在这个时期谦虚谨慎，虚心向父母或友人请教，尽快让自己成熟起来，以保证顺利度过。那么，青少年应该怎么做呢？

首先，虚心听取父母的意见。对自己的一些事情，青少年应虚心听取一下父母的意见，经过权衡轻重，作出正确的判断。如果想坚持自己的原则，就要想方设法说服父母，相信父母一定会给予支持。

其次，奉行拿来主义。虽说别人的意见大多都是善意的，但并不能保证适合自己，自己可有选择地采纳，既不失亲朋好友的面子，又优化了方案，增加了方案实现的可行性。

再次，建立自己的标准，不做太出格的事。传统的东西都是老祖宗给我们留下来的精华，所以遵守传统，是我们的美德。但一些青春期的孩子很傻气，以为自己叼着烟卷，染着奇形怪状的发型就是时尚……诸如此类，都应避免。

心香一瓣

> 叛逆的青少年遇事好感情用事，缺乏冷静的思考，理论修养不够，实践阅历不足，过于偏激，心智尚未形成或极不稳定，他们的思想不成熟。
>
> 往往一事当前，无论其正确与否，都盲目地加以抵制，甚至反其道而行之。他们做事没有人要求，也没有十分明确的目标，无论是否可靠，他们想干就干，随心所欲，不考虑后果。

留守孩子的苦谁知道

今天出现了另一种单亲孩子，即留守儿童，由于父母一方工作在外地，长期不能和孩子团聚，长期得不到父亲或母亲的照顾，两代人相互间缺乏交流，孩子的情感也有缺失，使这些孩子的身心成长也受到了一定的影响。

为了家庭生活的改善，爸爸妈妈外出打工去了，我和弟弟就交给爷爷奶奶看管。那时，我上小学六年级，有时想妈妈想得直掉眼泪。有一天下午放学回到家里，我发现妈妈在厨房里做饭，心里一阵乱跳，怀疑自己是不是看花了眼，再仔细一看，喜出望外，真是妈妈。

接下来，妈妈问我："肚子现在饿了吧？"我大声说："肚子早就抗议了。"

我那天晚上十分高兴，夜里12点才睡觉。翌日早上，我满带困意地朝妈妈的床上看了一眼，糟了，妈妈不见了。我急得连鞋都没穿就往外跑。到了同村的外婆家，发现妈妈在，心里感觉踏实多了。

但一周后，妈妈真走了。我是那么的不情愿。毕竟大些了，无奈之下，望着妈妈乘坐的汽车渐渐模糊了眼睛。

由于社会的发展，人们追求更大的经济利益，跨地区跨省流动频繁，由于各种原因的限制，孩子只能待在原地读书。这就形成了社会的一个特殊群体——留守孩子。近年来，有关留守孩子的事件频频发生，给出行在外的父母和社会敲响了警钟，成了社会一个亟需解决的问题。

父母外出挣钱的目的是为了让孩子学习和生活得更好，但出行后往往身不由己，既挣钱寥寥，又照顾不上孩子。孩子的成功其实也是父母重要的成功，舍弃孩子的做法往往得不偿失。

造成留守孩子的原因是，我国不同地域经济发展不平衡，大量农村剩余劳动力去经济发达的省市做工以努力改变生存状况。由于各方面的原因，无法将孩子带在身边，只有交给祖辈或近亲好友照顾。

父母承担着家庭教育的主要角色，是别人无法代替的。由于父母监护教育的缺失，其他亲朋好友无法像父母那样照顾孩子，引发了各种各样的留守孩子事件。主要是因为，父母外出打工，与孩子相处的时间几乎为零，谈不上交流沟通。而父母或其他监护人达不到父母的角色要求，使缺乏父母教育的孩子发生了诸多不尽如人意的问题。

留守孩子长期和父母分离，容易患"亲情饥渴症"，导致心理和性格等方面出现偏差，进而影响学习，甚至走向打架斗殴和违法犯罪的道路。这是由于：

第一，社会对留守孩子的影响。留守孩子在生理和心理上没有足够的自我防护意识和能力，容易受到不良言行的影响，更容易受到侵害或者学坏。而且，没有父母的调教，孩子人际交往差，内心压力大，害怕被人欺负。他们在突发事件中，没有自救能力。父母回家的间隔越久，对孩子的不良影响就越大。

第二，留守家庭对孩子的影响。虽然由于父母在外打工，在一定程度上改善了家庭经济状况，但容易忽视孩子的成长，铸就孩子的心理隐患。隔代抚养和同辈护理孩子，不能使孩子像跟自己的父母那样沟通，在情感上缺乏关爱和亲情，容易发生心理障碍。比如，很多留守孩子敏感、内向、不合群、对外冷漠，等等。有的孩子甚至形成了脾气暴躁、冲动易怒、不听教诲、抑郁焦虑的心理。这是由于隔代监护人只注重孩子的吃喝，忽视学习和思想交流，使孩子放任自流，容易学坏。

第三，留守孩子学习普遍较差，他们没有父母的指导，意识不到知识的重要性，享受不到知识会给生活带来什么改变，学习的好坏对他们来说，意义不大了。据权威调查，留守孩子一般学习目的不明确，积极性低，不遵守纪律，大部分孩子的理想是外出打工或做小生意。由于孩子本身的"不作为"，容易受到老师的忽视，使孩子陷入破罐破摔的恶性循环。

面对自己的成长环境，留守的青春期孩子应当引起充分的注意，并做好以下事情：

第一，和父母多沟通。父母不回家是为了生活，其实父母都喜欢自己的孩子，一定要多和父母沟通，这也是他们所喜欢的，从他们那里可以获得非常重要的人生教益。

第二，不要放松自己的学习。父母不论走到何方，总是挂念着自己，并希望自己生活得好，学习好。为了不让父母失望，就要努力学习，以优异的成绩回报父母在外漂泊的辛劳。

第三，培养自信。父母即使在外，青少年也要了解自己的长处和优势，建立自信，培养学习的自觉性，充满对生活的正确观念，努力学习，树立目标，争取优秀，以求作为。

第四，正确认识自己。留守的青少年要充分认识自己的情况，明白自己的不足和优势，学习或生活上多注意，加强自我调控，多进行自我激励，让自己行驶在正确的人生轨道上。

第五，培养自己的交际能力。要多参加班级的各种活动，以展示自己，试探着与同龄人主动交流，建立融洽的人际关系，为学习扫除人际障碍。

日记被爸妈看了怎么办

青少年将喜欢他人的情感写在日记中，无可厚非，谁不希望自己的人生幸福呢？一些青少年将自己的心里话写在日记里，并时时看得很紧，可老虎还有打盹的时候，一不小心被爸妈看了，感觉自尊荡然无存，心里便伤心、忐忑、恼怒……

爱情是人生中最美好的东西，所以生活在爱情中的人是甜蜜而幸福的。人人都有追求爱情的权利，对纯洁无瑕的青少年来说也是如此。情窦初开是十分正常的，这正应一句话：哪个少男不钟情，哪个少女不怀春？于是，很多青少年将心事写入日记中，无可厚非，重要的是如何把握自己，珍惜自己，而不是过早地酿下苦果。

青少年记日记本是好事，令他们不能忍受的是，父母对自己担心得不得了，认为自己的思想太复杂了，于是偏要把孩子的日记给看了。其实，现代的很多父母与上一代的父母不一样，他们受现代家庭教育观念的影响，眼界宽广了不知多少倍，心里特别能"装事"，即使看了子女的日记，也不动声色。

倒是不成熟的青春期的孩子们沉不住气了，自尊心大受伤害，哭泣、不安、害怕父母将事情"抖搂"出来使自己更加无地自容，有的青少年甚至想到了离家出走。其实，大可不必这样，这是因为：

一是，写日记是一种好的习惯，值得发扬下去；二是，日记中提到的某人某事，甚至是"暗恋的对象"，因为任何人不能阻止别人对爱情的向往，包括父母在内。父母担心的只是恋爱后所发生的危险；三是，标志着自己长大了。青少年之所以有自己的思想和见解，是因为自己进入了青春期，在向成人飞速地迈进，预示着自己将来有担当家庭的重任，自己所做的是要做好准备。

因此，对青少年来说，父母即使看了自己的日记，也不要"寻死觅活"的，因为大部分父母还是有自己的分寸的，不会大惊小怪的，更不会以"莫须有"的罪名强加于你，毕竟是年代不同了。

一个孩子这样说：

曾经，我是多么信任妈妈，曾多次在羡慕死我的同学面前夸口："我妈从不翻阅我的东西，日记更是禁区。"我几乎把我的秘密全部告诉她了，可她还不满足，我还是被她骗了，今天早早放学回到家里，冲进房间时，看着妈妈手忙脚乱的样子，开始并没在意。直到眼前的日记本翻着躺在那里，就像被别人扒过了衣服一般，瞬间，泪水涌上脸庞。我的心恐惧起来，妈妈对我的好同学是不忌口的，万一她说出去了，我该怎么办呢？只好，我把厚厚的日记一页页地撕掉，再一页一页地烧掉了，只留下满地的灰烬……

两个月来，我一直沉默，我知道妈妈最清楚我的沉默，因为她也沉默。

一次上学的当儿，我狠狠地带上了门，在外边的窗户内，我看见妈妈打扫着客厅，叹了口气，继续干她的活计。我想起，我家是大房子，独自一个人的时候，空荡荡的，我明白了——妈妈很孤独。看着她的背影，我推开门，大声地说："妈妈，我们和好吧……"

其实，我们都知道例中母亲的行为是不对的，这样不但伤了孩子的自尊，而且以后别想从孩子那里得到任何消息，幸亏有孩子的理解才得以解围。当然也有的父母感觉惴惴不安，于是上来找茬儿，这时怎么办？

首先，你要冷静些。不要着急于解释什么，静观其变。因为，一般来说，父母顶多旁敲侧击，了解你一下，都会自然而然地过去；其次，将日记放得更加隐蔽些。自己如果知道日记的内容被父母"盗"了，下次要注意了，放在父母找不到的地方，比如网站空间、博客，等等；再次，和父母讲道理。看别人日记是不礼貌的，甚至是不道德的，父母也不能看孩子的日记，属于侵犯自己的隐私；最后，将心胸放宽，父母看了你的日记，主要是想了解你，怕你走错了路，即使有一些暗恋之类的内容，开朗的父母顶多问问。知道了这些，自己又有什么放不下的呢？

心香一瓣

《中华人民共和国未成年人保护法》规定：对未成年人的信件、日记、电子邮件，任何组织或者个人不得隐匿、毁弃；任何组织或者个人不得开拆、查阅。

父母打了自己怎么办

谁都知道,打人是不对的,无论是谁打谁。同在一个家里面生活,发生矛盾在所难免,极端的时候被父母打一顿也是正常的。但对把面子看得天大的青少年来说,挨父母打是一件多么丢脸的事情,委屈、愤怒、离家出走……

几年前,银川市发生了一起袭警夺枪案件,导致3名警察当场死亡,一名警察被捅22刀。在当时,这个案件非常轰动,人们无不谴责罪犯的残忍。

主犯的名字叫杨杰,上学时成绩优秀,而且,其他天赋也不错,他爱唱歌、爱写诗、会拉小提琴,还是个二级鼓手。首次进监狱还得过全国劳改系统罪犯小提琴一等奖。据周围的邻居反映,杨杰人品好,具有同情心,乐于助人,很招人喜欢。但后来他和大弟都变成了杀人恶魔,均被判处死刑。案件侦破后,警方发现案件背后的家庭教育问题。

罪犯交代,小时候,只要我爸不在,我们哥几个快乐得像过年一样又唱又跳,从沙发上跳到床上,再从床上跳到沙发上。只要我爸一回来,哥几个顿时像小猫一样,吓得没有了声音。只要听见爸来了,就像听见"狼来了"一样。有一次,家里包饺子,我擀饺子皮时,突发奇想,把两张饺子皮放在一起擀,认为这样会更结实。结果,爸爸发现了我的"杰作",将我痛打一顿。

到了上学的时候,哥几个挨打成了家常便饭,成绩不高挨打,字写不好挨打，做错点小事同样挨打……从此，几个孩子一学习就战战兢兢，生怕再挨爸爸的打。时间一长，几个孩子被打得没有一点创造性，越来越笨。恶性循环，爸爸以为孩子不听话，变本加厉地打骂孩子。

有一次，爸爸指挂历上的"年"字问孩子：是什么字？一个孩子说老师没有教过，但他记得，这个字叫"年"。对于孩子正确的回答，爸爸不但没有表扬，而且接踵而至的是一记响亮的耳光。孩子永远不明白的是，认识了不会的字，理应得到表扬才对，为什么还挨打呢？从此，他们恨死爸爸了。

有一年冬天，爸爸喝醉后，一进门就骂人，砸东西，掀桌子。屋里却鸦雀无声，几个孩子和他们的妈妈蜷缩在被窝里吓得发抖，大气不敢出。爸爸来到了床边，妈妈怕爸爸要打孩子，就站起来挡在孩子的前面。然后，爸爸妈妈打了起来，孩子放声大哭。最后的结果是3个儿子被赶出家门……

例中孩子被嗜酒的父亲打成了逆子。父亲的打骂等于在孩子心中制造了一座能量极大的火山，只等着有一天喷发。

恶劣的生活环境给孩子造成了对应性的影响。人们常说，一个青少年如果生活在批评之中，他就学会了谴责；如果生活在敌意之中，他就学会了争斗；如果生活在恐惧之中，他就学会了忧虑；如果生活在怜悯之中，他就学会了自责；如果生活在讽刺之中，他就学会了害羞；如果生活在嫉妒之中，他就学会了嫉妒；如果生活在耻辱之中，他就学会了负罪感……

我国有句俗话：棍棒底下出孝子。受传统家庭教育观念的影响，20世纪七八十年代的孩子被父母打的比较多。那时的父母打人，无非有三个的目的：一是由于没有好好学习挨打，考试成绩差，父母感觉脸上无光就动手；二是做了错事挨打，一些青春期孩子做了错事，给父母造成了经济或精神上的损失而被打；三是父母有一个很好的计划，而孩子作对，不去执行，父母感觉计划泡汤，无奈之下打孩子。

处于青春期的孩子，对世间的事情开始有了自己的观点，有想参与的意识，有点成人的雏形了。这时的父母渐渐地放下了手中的棍棒，开始"言语上的说服"，行动上慢慢地放权，让孩子开始崭露头角，逐渐登上"社会舞台"。

尽管如此，青少年还是有不少被父母打的，不打就不打，一打下手还挺重，足以让他们铭记一生了。相信，很多青少年对此有深刻的体会，每当提起往事来，开始对父母有了一丝恨意。那么，父母为什么还要打已经长大了的孩子呢？这是因为：

一是孩子惹了大麻烦，一般的小事不会在意，父母顶多说说而已，告诫下次注意云云。而大麻烦就不行了，家里受到了大的损失，影响了整个家庭的幸福感，当然要教训一下子了。这往往是父母气愤的表现，打孩子有出气的意味。

二是说服不了孩子而动怒，由于孩子倔脾气，青春期的孩子挺倔强的，不听父母的"大规划"，父母感觉"难以驾驭"而"痛下杀手"；三是学习不好，被老师投诉而受打，有的青少年学习本来就差，还不下工夫，经常在学校惹是生非，被老师投诉，父母为让孩子有好前途而下手打孩子。

鉴于此，青少年挨打绝不是偶然的，大多父母都知道打人是不对的，还是忍不住打，那一定是有原因的。一位父亲在博客上这样说：

我知道，不能说服你了，只好谨慎地殴打，有节而有力，好像一个穷人在花光他手中仅有的一点钱。同时，我的心非常坚决——是到了该狠狠地打的时候了，另一方面，我的心又是痛苦的，因为我在打自己的孩子，还是比较大的孩子。我希望用这种方式让孩子尝到不听话的苦楚，能够挽回孩子的行动，回到人生的正轨……

可以想象，例中的父亲打自己的孩子，同时心里也在难受着。对于这些父母来说，自己给了孩子机会，也给了其经济和思想上的巨大支持，还给了孩子引导，而孩子却在学校"不务正业"，让父母伤心、失望。

俗话说：爱有多深，"恨"也有多深。这个恨不是嫉恨，而是"恨铁不成钢"，如果让孩子任其自然发展，结果可能导致家庭前途的无望。因此，对广大青少年来说，做父母真的不容易，辛辛苦苦地养家，辛辛苦苦地教育孩子，就怕最后一无所获。

知道了这些，青少年肩负起自己的使命，做出自己应有的努力，具体如下：

首先，理解自己的父母。每对父母都对自己的孩子是真诚无私的，即使心里有所图，也是为了家庭的兴旺发达。人往高处走，水往低处流，追求上进有什么过错呢！

其次，和父母经常沟通。对青少年来说，不可一味地叛逆而让父母伤心。父母的希望就是让自己的孩子有前途，家境有所改善，生活水平有所提高，老有所养。青少年应该树立自己的理想，并告诉自己的父母，以便从父母这里得到支持。否则，如果自己没有目标和理想，父母只好强制给你安排目标和理想了。

再次，为了理想努力奋斗。有了理想，就要去实现，不然就相当于没有，做出点样子来，让父母看到一些希望，心里得到一些安慰。父母就会感觉自己的努力没有白费。

心香一瓣

> 如果父母打了你，你可以坐下来和父母好好谈谈，如果自己错了就承认，同时，让他们知道你已经不是一个孩子了，告诉他们你也有自尊心了，让他们明白你的想法。其次，青少年应尽量学会独立，你能独立生活，不用事事依靠你的父母。这样，你的情况才会好起来。

学会应对突然而来的不幸

人生活在这个世界上,每天都有可能遇到潜在的危险,轻则让人惊悸,严重的让人残疾,甚至让人丧命。而对于还不谙世事的青少年来说,由于其自控力差,缺乏安全经验,更容易被伤害,给心灵带来创伤。

陈翠花在家排行第一,家里还有两个弟弟。小时候,陈翠花活泼可爱,聪明伶俐,成绩名列前茅。一次,她得了重感冒,当天晚上发烧到42度,由于路途离县城遥远,她没有及时被送到医院。第二天,不幸降临到了她的身上——她失声了,从此永远进入了聋哑人的世界。

尽管她的成绩仍旧出类拔萃,但聋哑却让她深陷自卑之中。从此,她更加努力学习,成绩稳坐第一把交椅。她所做的这一切都是为了报答自己的父母,父母在她的心里占了很大的分量。

她认为,父母非常辛苦,他们的目的还是为孩子上学,不认真学习的孩子就是对不起父母,这些孩子怎么能够做出这样匪夷所思的事情来。在困惑的烦恼里,陈翠花和同学们的距离越来越远。

她常在日记中说:"我不喜欢玩,最喜欢学习。周末,我都是一个人在家看书,没有朋友和我一起玩……"在这里,她藏着很多心里的秘密,有开心的,也有不开心的,而不喜欢和同学分担。这些秘密使她觉得别人用手语对着自己的时候,便会格外敏感,老是觉得别人对自己有看法,或议论自己。

对于聋哑孩子来说,他们只相信自己的眼睛,但却感受不到眼睛背后的实质含义。即使是手语也不能代替听觉，这造成了猜忌的发生。我们走在外面，看到聋哑孩子时，只能用新奇和同情的眼光去看待他们，而全然不知道这些孩子心里想了什么，隐藏了什么。聋哑孩子看到人们异样的眼光，心里充满了疑惑，心理有问题的孩子可能对人们异样的眼光表示反感和厌恶。

不仅是聋哑孩子，即使其他残疾孩子，据统计其心理问题发病率达到近20个百分点。他们不可能不为了克服残疾带给他们的不便，感觉到自己的特殊，性格表现为敏感、自卑和孤独。这与残疾家庭存在教育误区有关，他们着重于孩子身体素质的培养，轻视心理素质的教育；重视智力开发，轻视非智力因素的培养；重视知识的传授，轻视各种实际能力的提高。结果是，很多残疾青少年虽然有缺陷，但比较强壮，身材高大，意志却薄弱。

当然，并不是所有的残疾孩子都弱不禁风。有一些残疾孩子体谅父母，自己刻苦钻研，努力上进，最终走向成功；也有些孩子消极情绪很大，遇到事物不敢勇敢面对，一味埋怨父母不能给其带来幸福的生活。这是因为：

一是他们心里有阴影在作怪，这些消极情绪在孩子长大后，越来越明显，容易产生危害社会、报复家人的想法；二是残疾青少年的父母忽视了孩子其他方面的学习，残疾人父母不仅偏重孩子某一方面的教育，而且，父母本身无意地对孩子施加不良的影响。比如，父母处于烦闷、不顺利时，会在家中发泄心中的不满，有时就不可避免地把气撒在孩子身上，本来心理敏感的孩子可能因此更加茫然无助，导致心理更加自卑，认为自己不仅身体上存在不幸，而且还受父母的歧视；三是溺爱孩子，在孩子致残后，父母觉得孩子不幸，便更加溺爱孩子，对孩子的要求来者不拒，过分的迁就和纵容，导致残疾孩子胆小、任性、依赖性强，不懂得尊重别人，甚至常常发生攻击行为。

总之，残疾孩子的心理是残缺不全的，如果不注意引导，这些又作用于孩子的病情，影响了他们日后的康复和成长。针对于此，残疾青少年应当怎么办？

第一，正视自己。残疾青少年有着比常人更强烈的自尊心，他们既渴望正常孩子的一切，同时还希望得到人们的尊重。前提是一定要学会正视自己，接纳自己，并不断给予自己积极的心理暗示，从而意识到身残志不残的重要性。

第二，将自己的精力集中于某一目标。其实，残疾孩子比正常孩子更容易成功，因为身体的不便对孩子来说是不幸，但同时给他们带来了安定和思考，他们没有正常孩子那种五花八门的心理需求，更容易将精力集中在一点，因此他们更容易成功。这就是很多正常人感觉竟不如残疾人的原因。

第三，多向父母寻求帮助。残疾青少年由于自身缺陷和敏感的性格让他们觉得自己更容易受到伤害，应多学会向父母求助，满足自己心理上的抚慰，化解为行动上的坚强。

第四，学会接纳自己。过去发生什么其实都不重要，重要的是，以后要如何发展自己，如何发挥自己的潜力，如何克服由于身体残疾带来的不便。应该积极培养自立自强自尊自信的精神，接受现实，积极参与学校的各项活动，与同学老师和睦相处，取得更大的成绩。

第五，时时保持良好的心情。经常主动和父母进行交流，敞开胸怀，充分感受生活，领悟生活，感觉到自己一直被尊重、被理解、被关爱和被重视，最大限度地满足自己。

正确看待自己的出身

随着年龄的不断增大和社会环境的影响，青少年渐渐知道了自己家的状况，了解了自己家在社会中的地位，发现自己家不如别人家时，便恨自己没有生在富裕家庭，因此向往出身于富贵的家庭。

我是一个15岁男孩的父亲。孩子在今年开始不大听话了，近来好像越来越严重，严重得偏执。现在，我们尽量避免谈他的交友、学习情况和他不喜欢的话题，否则，孩子就会变脸，变得愤愤然。

这让我们感觉很郁闷，我们成天为他服务，为他付出财力和精力，却养育出了这样一个偏种。放学回到家里，我们很少看到他的笑脸，但他又不给我们说学校里的事情。听他的同学讲，由于他喜欢我行我素，性格有些任性，和老师的关系不怎么好。因此，我们对这个孩子很发愁，不知该怎么办？

青春期作为人生一个特定的年龄段，孩子由于自我意识增强，容易以自我为中心，看上去神圣不可侵犯，其实孩子是真正的弱者，他对外界充满困惑和恐惧，拒绝接受他人的观点，更不愿意向别人透露这种内心的"怯弱"。他总认为自己是"对"的，别人都是错误的，但却经不起推敲，为周围人所不接受。因此，他的人际关系也是矛盾的。

常听人说"老子英雄儿好汉"，这直接说明了出身的重要性，难道真是这样吗？可我们熟知很多英雄的名字，却对他们的子子孙孙一无所知。因此，出身卑微，并不一定是一件坏事。

俗话说：王侯将相，宁有种乎！每个人可以改变态度，改变自己，但不能改变出身，难道我们要重新投胎做人吗？从另外一个角度讲，偌大个中国，豪门毕竟是少数，绝大多数人的出身还是一般的。

既然如此，我们何不保持高尚的气节和豁达大度的人生态度，通过自己的努力，来达到自己想要的目标。否则，我们的社会如何发展，人类如何进步呢？所以，青少年要给自己赋予使命感，这是因为：

一是，努力奋斗是上策。因为人是学而知之，不是生而知之。出身再高贵，如果自身不努力，到头来还是不行的，这就是所谓的"自古英雄多磨难，从来纨绔少伟男"的原因；二是，三十年河东，三十年河西，人没有永远的劣势，也没有永远的辉煌，风水轮流转，人只要勇于抓住属于自己的人生机会，人生一定会有所起色的，就看你有没有准备，努力不努力；三是，优越也是劣势，优越的生活是一把双刃剑，人有趋向安逸，逃避苦痛的本能。那些享受惯优越生活的贵族们一般都不愿意吃苦，他们已经在这个生活水平上，何须再努力？所以，条件优越的孩子想突破比较困难。去掉了优越的生活，往往能够重振雄风；四是，重要的是人生体验，一个人从低谷向高谷攀登的过程中，必然要经过众多的沟沟坎坎，一路走来，洒下的汗水是最甘甜的，而远比那些生来就是王侯的人来得幸福。这也适合那些出身好的人。比如：

小时候的王献之，书法不怎么样，为了让自己有所长进，便努力书写，写完了一大缸的水后，字体终于有了进步。最后凭着自己的努力奋斗，终于也成为了一个有名的书法家。

试问那些怪自己出身不好的青少年，你们在学业上有没有王献之那样的毅力，下没下到足够的功夫。通常的是，自己读书不如人，人生际遇也不如人，有点顾影自怜和自暴自弃了。

播种行动，收获习惯；播种习惯，收获性格；播种性格，收获命运。因此，既然出身是不可改变的，那么唯有改变自己，提升自己。可是，青春期孩子要如何改变自己呢？

首先，和自己比。自己可以制订一个计划，每天努力一点点，一天比一天进步一些，坚持不懈，就会有很大的进步。

其次，多学习别人的优点和长处。每个人都有自己的优点和缺点，重要的是扬长避短，而且要善于学习别人的长处，为己所用，这样不愁不进步。

再次，端正自己的心态。有句名言说，资源放错了地方就是垃圾；垃圾放对了地方就是资源。每个孩子在走向社会之前，是没有多少差别的，在他们走上社会后，起点的高低、潜能发挥程度不同，他们的努力方向各异，形成了千差万别的地位。

心香一瓣

有人说，现在处于一个"拼爹"的时代，其实，凡事不是绝对的。环境出身可能是柄双刃剑，长期的养尊处优可能会侵蚀人们的意志，使之不思进取，难有发展；困境逆境反而可能促人奋进，绝地反击，励精图治。为什么有许多出身低微、家境贫寒的孩子常常超过比他（她）们各方面条件优越许多的同辈，令人刮目相看？没有任何依靠就是动力，就是资源，唯有放手一搏，这才是他们胜出的原因。因此，英雄不怕出身低，怨天尤人，自暴自弃可怕；目光短浅，胸怀狭窄，斤斤计较可怕；自以为是，自我满足，自我膨胀尤可怕。

喜欢逃避的孩子

有些青少年似乎格外依赖家庭带来的舒适、安心的感受，他们对压力比较敏感，甚至有些人认为外面的世界是虚伪而不安全的，只有在家里他们才能得到真正的放松。其实不然，青少年这样做无异于堵住和外界交流的通道，将自己与社会割裂开来，使自己更不能适应于社会。

女儿今年13岁，开始变得不大爱与别人接触，做事总是逃避。平时，亲戚打来电话，她都不愿意接。而且，家里来了客人，孩子从不主动出来接待，喜欢在自己的屋子里发神经。

写作业时，难以集中精力，喜欢拖沓，本来两个小时的作业，她能磨蹭到晚上11点。而且，她对学习越来越没兴趣，学习成绩开始下降。在夜里，孩子睡觉不踏实，经常开灯醒着。前几天，让我们怒不可遏的是她竟然将期末考试成绩更改了15分，要不是碰见他的老师，我们还被蒙在鼓里。现在，我们不知如何教育女儿。

青春期孩子开始越来越重视自己的面子，重视别人对自己的评价。其实，他们很想独立地做好事情，由于心理上的不成熟和见识上的局限，他们常常做不好事情。这已经令孩子非常苦恼，畏惧一些事情。因此，孩子变得不自信，却又不想让别人发觉，只好选择了逃避。

青春期孩子为什么喜欢逃避呢？这是因为：

他们处于一个尴尬的年龄段，是人生的一个过渡期，他们的生理和心理都在发生突变，处于"调试"的状态，所以他们既容易自信，又容易自卑。当他们盲目自信时，接下来的往往是让他们意想不到的困难在等待着他们，于是他们感觉应付不了了，怎么办？他们只好选择了逃避。在行为上，他们不敢在公共场所大声说话，不愿意和陌生人接触，喜欢独自深思，喜欢待在家里。其实，孩子的心是极其丰富的，波动起伏大，容易产生很多意想不到的幼稚冲动，但他们又不知如何去表达。面对父母的专制，一时手足无措的他们只好选择叛逆了。这样做的结果，亲子关系愈加疏远，彼此矛盾愈加增加，甚至出现紧张的局面。孩子自然不能安心学习了，这也是逃避的一个原因。

青春期孩子虽然力量和身材渐长，但他们缺乏正确的思维为行为作指导，做事盲目容易让他们陷入恐惧之中，所以他们选择了逃避，选择了家庭这个避风港。孩子如果受挫越深，对家依赖的程度也就越大。

即使是对成人来说，对家的依赖也是一种正常的心理需要，孩子更是如此。但过度的依赖往往潜藏着心理危机，进而造成责任感的缺乏和抗压能力的降低。事实上，给孩子一定的压力可以增强孩子处理突发事件的能力，是个人发展的必要条件。

现在社会上流行"宅男宅女"的说法，不可否认的是，很多的宅男宅女是想离开工作场合的喧嚣来集中做事，追求一种自由感，以此取得更大的人生价值。同时，也有相当的宅男宅女是为了逃避社会竞争的残酷，乐不思蜀。其实，青春期孩子应该学会在现实生活中结交伙伴，掌握一些人际交往能力，丰富自己的人生，增强适应社会的能力，这是比什么都重要的。青少年如果过于依赖家庭、喜欢逃避，应该如何做？

第一，青少年要学习一下小狐狸。据说，小狐狸长到一定时候，狐狸妈妈都会无情往外赶小狐狸，让其独自面对残酷的大自然，学会在这个世界上生存。自己虽然不是小狐狸，但也要学会自己做事情，学会为自己打算。

第二，善于和父母交流。青春期孩子选择依赖和逃避说明他们遇到了困难，甚至遭遇人生瓶颈，应和父母交流，向他们说出自己的想法和困惑，一起商量解决。作为孩子的朋友，父母要多倾听孩子的心声，尊重孩子的努力，多给孩子成长锻炼的机会，以增强孩子的自信心。

第三，看到自己的优势，以闪光点为突破口。平时，青少年应注意自己的优势，围绕这个点，由点到面，由面到片，由片到系统……认识到"天生我材必有用"。

第四，为自己制订切实可行的目标。青少年可以为自己制订一个合适的学习目标，这个目标不要过高，也不要过低，过低容易让自己轻视远方的困难，过高容易让自己受挫陷入一蹶不振之中。同时，还要鼓励自己勇敢面对困难，找出解决难题的办法。

适当冒险

"如果你完全不冒险去做,其实是冒了更多的险。"对于那些害怕危险、不去拼搏的人,危险无处不在。那些经常攀岩和野外旅游的青少年常常锻炼了身体,又增长了见识,增强了应对困境的能力。

有这样一个故事:

一次,一个中国家庭孩子和一个美国家庭孩子在操作电脑时,电脑同时死机。中国小孩想独自研究电脑哪方面出了问题时,其父母却及时阻止了他,质问他:"你想干什么?这可不是你的玩具车,可以随便乱拆,这可是价值不菲的电脑。"说着,便给电脑售后服务人员打电话。而美国孩子的父母没有急着给电脑售后部打电话,而是耸耸肩膀,无奈地对孩子说:"亲爱的,你将电脑搞出这个样子,就有责任把它弄好。"

美国小孩没有争辩,便开始鼓捣起来。终于,美国小孩发现电脑只是由于一个程序失控才造成了死机,当他卸载并重装该程序后,重启电脑便解决了问题。与此同时,维修人员来到中国小孩家里后,排除了失控程序后,重启电脑同样恢复了正常。这时,中国小孩说:"我当时认为也是这么一个问题,只是爸爸妈妈不让弄。"话还没有说完,妈妈就劈头盖脸一句:"小孩子懂什么,这么贵重的东西,你如果弄坏它怎么办?"

由例子中中外两个家庭的孩子可知中美教育的差异。中国的孩子必须严格遵守父母和老师的规定,必须循着父母事先设计好的"路线图"出发,不能有自己的独创,否则,就是"出轨"。这是中国父母非常注意孩子的得失，孩子一旦"脱轨"，父母便担心孩子吃亏、跌跟头，这就是所谓的"不听老人言，吃亏在眼前"。所以，中国的孩子大都缺乏冒险精神，从而失去了很多机遇。

因此，青少年要鼓励自己勇于冒险，处事要善于打破常规。因为只有在冒险里才能不断探索出新的知识，寻找出新的领域，就算失败了也会获得丰富的经验，这样在不断地尝试中终会成功。所以，青少年努力学习的同时，不要过于在意眼前得失，要放远眼光，注重未来，让自己在将来的人生中能够取得很大的爆发。

重要的是，要应对各种环境，解除对自己的束缚，去除自己身上的枷锁，然后尽力鼓励自己，敢于冒险。如果不害怕冒险，就会在自己的奋斗中勇往直前，不会被其中的困难所吓倒，从而取得成功。这是因为：

一是，冒险勇于克服困难。敢于冒险，不畏惧冒险，在为前途而奔波的路上想做什么就做什么，独自去探索未知数，这样往往能在最后乘风破浪，驶向成功的彼岸。

二是，冒险可以获得自信。什么是勇敢？勇敢就是感知和探索这个未知世界的那种一点点培养起来的勇气。在生活中，要尽量丰富自己的生活经验，增加活动机会，培养生活技能，锻炼交往能力，给予自己足够的空间，这样就越来越自信、勇敢。

三是，冒险更容易抓住机会。俗话说：不入虎穴，焉得虎子。机会往往蕴藏在危险之中，青少年只要善于冒险，往往更容易抓住成功的机会。

总之，要善于冒险，让自己在冒险中得到锻炼、成长和成就。否则，青少年就是无用的人才，无论在哪里都将感觉危险。用危险磨砺自己，学会在危险中成长，才是真正的成长。那么青少年如何冒险才好呢？

首先，寻找亲情的安全感。孩子平时要让自己拥有安全感，同时也一定要留出两成的时候让自己独处。减少对父母的依赖，减少对外界的恐惧，提高自信心，增强自己独立生活的信心。

其次，学会和父母讲道理。随着年龄的不断增长，青少年不再对父母逆来顺受了，要培养自己的勇敢，学会遇事和父母协商，如果父母不赞成自己的观点，要及时说服父母，使其放弃采取粗暴简单的方法，这样自己的内心才不会受到更大的伤害。

再次，锻炼自己的胆量。青少年越来越接近于成人，自己在平时注意安全的同时，要多注意锻炼胆量。

学会耐性、理性

人的奋斗很像长跑，有时看起来领先于别人，如果就此沾沾自喜，很快就会被别人赶上。在人生的道路上，做事要持之以恒，没有坚定的毅力就没有成功。父母也需要从小就培养孩子，做事随心所欲或半途而废既是毅力培养的大敌，也是走向失败的重要因素。

有个女孩从小就聪明漂亮，乖巧伶俐，经常得到父母、老师和同学们的夸奖。这个女孩特别爱好音乐，家长发现她这个特长之后，就送她到音乐班学习，打算把她培养成音乐家。

因为擅长音乐，在上学时，每次班级有文艺表演，都会有这个女孩的音乐节目。考上大学后的第一年，班上组织新年晚会，她同样报了音乐节目。但在彩排时，组织者觉得时间超出了预期的范围，就要求缩短她的节目时间。每次晚会时，她的音乐都是重中之重，是被隆重推出的节目，这次让她缩减时间，她不同意。在僵持不下的情况下，组织晚会的同学就将她的节目取消了。

当大家正在高高兴兴地一起看晚会时，她气得跑回寝室里，一个人痛哭不已。当时，同学们都在看晚会，也没有人注意到她。她觉得自己被冷落了，非常生气最后竟在宿舍割腕自杀。

还好，被同学发现后，送到医院抢救过来了。出院后，她再也不愿回到那个学校去了，父母一看没办法，只好将她悄悄地转到了一个民办学校。

我们知道，没有谁是一帆风顺的，那些取得成功的人往往遭受的挫折更多，但是他们凭着坚韧和执著坚持了下来，才取得了成功。所以，家长应该培养孩子坚韧的心态，使其面对挫折和打击，能够理性对待。

　　我们常对一些有钱人家的孩子感觉很惊讶："有的同学的家庭条件非常好，但自己吃的却很简单，穿的衣服也非常普通。"其实，自己不必赶什么时髦，也没必要追求什么刺激。

　　现在，物质化的社会对孩子的诱惑太多了，从头上戴的，脚上穿的，到文具盒里装的，手上玩的，真是眼花缭乱，令人目不暇接。越是生活在这样的环境里，越是应该教育孩子有理性。这是因为：

　　一是，没有理性无助于身心健康。人最宝贵的东西就是身心健康，因为身体是"革命的本钱"，"留得青山在，不怕没柴烧"说的就是这个道理。失去了身心健康，就会带来疾病的痛苦，甚至是生命的凋零，其他一切外在的东西又有什么意义？

　　二是，没有理性容易浪费钱财。孩子除了重要的生命之外，再就是维系生命的物质钱财了，每一分钱和每一样物品都是来之不易，都曾付出辛劳的汗水，因此，理性的节约就变得非常重要了。

　　三是，没有理性容易浪费时间。对于人来说，时间是至关重要的，是金钱所不能换来的，生命是由时间组成的，节约时间就是珍惜生命。

　　总之，人做事需要耐性和理性，这样才能使事情有条不紊地进行，才能正常完成和实现它。失去理性和耐性，就容易引起冲动，形势一发不可收拾，而做出无法挽回的事情来。所以，一个人保持耐性和理性非常重要。让孩子培养耐性和理性，很大程度上，需要父母的帮助。那么，如何让父母帮助培养耐性和理性品质呢？

　　第一，父母教育孩子做事要有耐心和理性。父母要教育孩子在平常做事中要有始有终，以超乎寻常的耐心做好。如果你的父母没有做到，你可以主动要求父母监督。

第二，让父母交给自己一些力所能及的家务，自己争取保质、保量并按时完成。

第三，按时完成作业。按时完成作业本身也是一种对恒心和毅力的培养，这也是培养耐性和理性的基础。

第四，让父母帮助制定一些中短期目标，每次都要做到"筋疲力尽"方才罢休。有了毅力，在学习、工作上才会理性、坚忍。

第五，多培养一些学习之外的兴趣。如果有了兴趣，就可以自主地沉溺其中，自觉地锻炼耐性和理性，将更好地利于恒心和毅力的培养。

在艰苦的环境中锻炼自己

"宝剑锋从磨砺出,梅花香自苦寒来。"艰苦的环境,虽然可能使青少年倍感压抑,甚至苦痛。但许多名人的事实表明,正是这样既辛且苦、步履维艰的生活,才能对人的意志产生巨大的砥砺塑造作用,才培养了自己的生活能力,不断刺激人生警醒,向着新的高峰勇猛进击。所以,艰苦的环境也是一种成长。

吴映冬今年15岁,在济南一所高级中学上一年级,是一个非常聪明的孩子。但这个孩子自我约束能力差,玩起来没完没了,常常忘了学习。他在学校里甚至有些不遵守纪律,有时旷课,让一直望子成龙的父母着急得不得了,心里担心他一直散漫下去而考不上大学。而且,父母认为孩子即使考上了大学,但其心理脆弱,习惯怨天尤人,过度注重自我,将来也难以成材。

父母听说县中有很多孩子都是农村的孩子,学校管得严,时间抓得紧,常常早晨5点多就开始起床了,晚上9点半下晚自习。这有利于孩子学习习惯和生活习惯的养成。为了让孩子"脱胎换骨",父母决定让孩子到"艰苦的县级高中"锻炼一下,因此把孩子送到了一所县级中学。孩子离得远了,三四周才回家一次。父母看着消瘦的儿子,心里虽然于心不忍,但看着孩子的进步和懂事,便庆幸将其送到县中。

县中朴实、踏实的学风有利于孩子一步一个脚印地前进。一些大城市的孩子讲究吃穿,贪玩等不良习气影响学业和生活,不利于孩子的将来。

像例中的父母将孩子送到县中还是可以理解的。

俗话说：吃得苦中苦，方为人上人！古今成大器的人，无不是在逆境中奋发而一鸣惊人。逆境是锻炼一个人的意志和心境的一种途径。优胜劣汰，有能力的人崭露头角，无能力的人则埋没于历史。怀大志者常以名句勉励自己：天将降大任于斯人也，必先苦其心志，劳其筋骨，饿其体肤……把它作为人生的座右铭，一直告诫自己坚持下去。人只有经受住各种艰难的磨炼，才能出人头地。

一是，吃苦可以获得经验和智慧，青少年在吃苦的过程中，正是在长智慧的过程中，也是在积蓄能量的过程中，以便为以后的人生爆发作准备；二是，只有吃过苦了，才会知道个中的道理，才会去珍惜眼前拥有的，才会去继续奋斗。打江山容易，要守住江山可就难了；三是人无近忧，必有远虑，居安思危……这些都是古人的教训；四是，只有在艰苦的环境里进行锻炼，才能让我们养成勤劳朴实、独立自主的好习惯。许多贫苦人家的孩子，在艰苦的环境中锻炼出勤劳、善良、刚强、坚定、智慧、节俭等优秀品格，并刻苦学习，矢志奋进，终成为有所作为的人，赢得社会的公认；五是，学会适应艰苦的环境。人生受到无数的冲击，人生也受到很大的限制。我们别无选择。有的人在比我们的条件还困难的情况下，却做出了我们不可想象的事情，取得了可喜的成功。

总之，"吃得苦中苦，方为人上人。"所谓"人上人"，并不是一般功利的想法，而是说，他可以在生活中比一般人较为豁达开通，眼光远大，做起事来可以得心应手。如果我们从小就安安稳稳、无风无浪的像花朵一样生活在暖房里，我们所见的天日就只有那一点点，所能适应的温度也就只有那一点点，没有丝毫的意义。

记得在思想品德里的一则对话中说：过去的孩子太艰苦，现在的孩子太缺少艰苦的锻炼。总在父母的呵护下，是永远也长不大的！

总之，生活是可以改变人的。但事在人为，一个人在更能动、更积极的意义上，应该努力改变生活的某些不适应的部分。生活中具有得天独厚的环境的人很少。但是，勤奋、吃苦耐劳、在自己现有的条件下奋发有为，则是我们每个人都可能做到的。

要自己不断丰富自己。每个青少年都可能有环境不好、遭遇坎坷、工作辛苦的时候，说得严重一点，每个人从降生到这个世界时，就注定要背起经历各种困难折磨的命运。

心·香一瓣

> 俗话说，平静的湖面显不出精悍的水手，安全的环境选不出优秀的人生。青少年要学会在艰苦的环境中锻炼自己，不断提高自己，以便在后续的学习或工作中提高成绩。

学会丰富自己

人有时非常矛盾。本来生活得好好的，各方面的环境都不错，然而当事者却常常心存厌倦，这就是所谓的"熟悉的环境没有风景"。对人类这种因生命的平淡和缺少激情而苦恼的心态，有时是不能用不知足来解释的。

自从我进入初三以后，父母极少带我出去，他们只顾忙他们的"事业"，心里哪里还有我这个女儿。在周末，我最多的就是陪妈妈一起逛一下超市，大部分时间都给补习班了。学习之外还是学习，学习是我的金丝笼，使我再也无法逃离它的羁绊。

或许，对于我们来说，外出看一场电影，参加一次活动永远都是奢望。我们连仅有的一点时间都被父母提前安排好了，我们这些小大人，已经失去了青春的热情和朝气，就像久旱的禾苗，多么渴望自由自在啊！

一个人在一个地方住久了，会感觉人依旧，周围的一切依旧，对周围的事物失去了洞察力，缺乏了新鲜感。人生活也是这样，不要永远都按部就班，不要老是一个模式生活。例中孩子的抱怨是有道理的。人有时就得给枯燥乏味的生活加点糖，从而保持生活永远甜蜜。

据说，美国《幸福》杂志曾经出过一个题目：如果让你重新选择，你会选择什么？一位军政要人说："我要去乡间开一个杂货铺。"一位女部长说："我要去哥斯达黎加经营一个小旅馆。"一位市长说："我要做一名摄影记者。"一位商人说："我要变成一个女人。"……

人们的各种选择五花八门，总之，人们极少有人想做现在的自己。这是为什么呢？熟悉的地方没有风景，这是最好的解释，生活在大山的人会向往平原的空旷，生活在广大平原的人会向往山峰的曲折。

就像一个胸无大志的人，如果老是在不思进取中生活，时间一长，就会失去挑战未来的锐气，被岁月磨去棱角，就会甘于平庸了，就变得没有志向，失去追求了。所以，过于平静的生活有时并不是一件好事，人还是要向上走，要勇于挑战才好。

在人生的旅途中，最糟糕的命运往往不是贫困和厄运，而是精神的麻痹，处于一种无知无觉、非死非活的状态。这就是我们为什么还要活到老，学到老的缘故了。人都是有追求的，一个人如果不摆脱旧我，不纯洁精神，不净化灵魂，不升华自己，就与行尸走肉没有什么区别了。

一个孩子写道：也许我对自己的生活环境太熟悉了，对身边的人太了解了。在我的心中，家不再是那个温馨的地方，而是囚禁自由的樊笼；学校不是那个汲取知识的地方，而是束缚自身的枷锁。因此，我对两个月的假期充满憧憬，想尽情地放松一下身心，酣畅淋漓地大玩一场，但这个美丽的泡影就在繁杂的补课学习中破灭了。这破灭无声无息，毫无声响，只有弱小的心灵在抽泣，默默承受着世间的一切……

对孩子来说，家还是那个家，学校还是那个学校，以前能吸引你的不再吸引你。于是，孩子喜欢的不再喜欢，感动的不再感动，失去了生活的激情和动力。一个人激情不在，就会感觉窒息，心情就会索然寡味，就会变老，然后死去。

所以，人生需要距离。面对熟悉的家人，熟悉的风景，激不起一点涟漪。因此，人们需要离开亲朋，出去开拓，和亲朋有了距离，便有了后来的思念和团聚。这就好像是绝佳安排似的，孩子大了，然后离开父母外出读书、创业，然后才有了对亲人的思念和新朋友的交往，离开旧地，有了和亲人团聚的幸福，也有了和新朋友离别的思念。然后带动了交通，带动了经济，一切都好像上帝安排好似的。

因此，面对心理和生理渴望变化的孩子，父母应不定期为生活加点颜色。总之，父母带给孩子的不应老是一潭死水式的生活，他们需要憧憬新鲜的事物，需要令人回味的风景，需要令人心醉的场景……比如：

首先，给自己度过一次隆重的生日。每个人都注重自己的生日，为自己庆祝生日可以增加动力。

其次，参加一次重要的活动。父母可安排一次舞会、聚餐，为生活加一点颜色，孩子将会获得意想不到的力量。

再次，出门旅游一次。旅游既可以放松身心，又可以增长见识，对孩子将有意想不到的好处。

第三章 跳出学校生活带来的危险

学校本来是学习的圣地，容不得践踏，但这里却发生过很多恶劣的案例，在学校里发生的悲剧还少吗？抢劫、强奸、勒索、打群架、偷盗、游泳溺水……屡见不鲜。因此，对于青少年来说，在学校里也不是什么都可以做的，要随时警惕将要发生的危险，以保护自己远离侵害。

校园里不一定安全

按理说，校园是青少年接受教育、健康成长的摇篮，是一个神圣的地方，但在学校里危害时有发生，增加了父母和社会的担忧。所以，青少年在学校里要提高警惕，杜绝伤害。

最近几年，有关青少年在学校受到侵害的案例不断见诸报端，让人感觉心里阵阵凉意，究竟生活在哪里更安全。一些校园案件的不断发生，让那些好久未谋面的成人之间经常调侃：老同学，感谢当年"不杀之恩"。

尽管有些夸张，却说明当今的校园并不是一个十分安全的地方。最近，一些校园的恶性案件频频发生，更令人震惊。为什么会出现这样的事情呢？

一是校外不良人员对学校的侵害，比如，游手好闲、不务正业的青年，甚至黑恶势力；二是学校学生之间的斗殴行为，比如，学生由于自身种种条件的限制，使得他们在学校或社会竞争中经常遭到失败或挫折，但是又无法忍受或妥善处理这些挫折，进而产生一种暴力心理；三是附近娱乐场所（网吧、歌舞厅等）的不良影响和所引发的不良行为，比如道德失范和黄、赌、毒等丑恶现象泛滥，一些青少年受到不良影响，内外勾结；四是食堂和周围餐馆的食品安全问题；五是校园意外伤害（火灾、触电、攀爬等）造成的安全问题；六是问题老师的侵害……

总之，不论做何事，生命的安全都是第一位的，青少年虽然力量渐增，追求自由，有自我表现欲，但由于没经验，不能预知前面将要发生的危害，因此，凡事都要小心些好。具体应该怎么做呢？

首先，要加强安全意识，防患于未然。学校的一些死角，由于少有人去，而不容易被老师发现，青少年要加强安全意识，特别是女生尽量少去。

其次，慎重结交同学。一般来说，青少年都比较单纯，但也有一些青少年受社会环境的不良影响，具有潜在伤害别人的意识，或受社会不良人员的怂恿，在帮着坏人干伤害同学的勾当。

第三，提高警惕。青少年遇到同学让自己外出旅游、进KTV和歌舞厅等不合常理的事情时，要果断质疑、拒绝。

心香一瓣

> 学校安全工作是全社会安全工作的重要组成部分。它直接关系到青少年能否安全、健康地成长，关系到千千万万个家庭的幸福安宁和社会稳定。其主要包括：挤压事故、体育活动事故、劳动事故、校园事故、消防事故、学生事故、自然灾害事故、卫生事故、设施事故，等等。

远离校园暴力

学校是一个青少年学习知识和同学们切磋知识的圣地，不应该和一些暴力犯罪联系起来，但由于各种因素的影响，校园暴力并没有被杜绝，总在不经意间发生。所以，对青少年来说，努力学习的同时，要懂得爱护和保护自己，远离校园暴力。

在学校，一些青少年主要遭受下列事情：

被索要财物，不给就暴力胁迫；

常发生以大欺小，以多欺少的事情；

长期遭受欺负，决定以暴易暴，酝酿新的危险；

同学之间哥们儿义气，暴力手段论是非；

小题大做，心理过于敏感，承受力弱，导致暴力相加。

……

上面都是学校暴力发生的情形，在一些学校或多或少地存在着。比如：

小锋是某中学二年级的学生，学习中等偏上，但他经常被班里几个"小混混"欺负。一次，他们逼小锋从家里偷100元钱，小锋不同意，就被他们拉到学校角落里揍了一顿，最后还恶狠狠地说："如果敢告诉老师，就一天揍一次。"小锋硬忍着，不敢告诉家长，而心里整天忧心忡忡，学习成绩一落千丈。

校园暴力无论是对国家、社会，还是对青少年自身，都有很大的破坏作用，严重败坏了青少年的学习风气，给当事青少年造成严重的心理创伤。相信，很多青少年都不同程度地受到过侵害，谈起这些事情的时候，总令他们心有余悸。

校园暴力案件就其发生来看，不同案件有不同原因，具体如下：

一是一些青少年身体快速成长，有力量无处发泄，心理浮躁，遇到事情常喜欢武力解决；二是家庭问题导致孩子校园暴力，比如，一些问题家庭中的青少年由于缺乏关爱，缺少管教而走上违法犯罪的道路；三是不懂法律，很多青少年不知道自己行为的社会危害性，不知道自己行为的严重后果，更不知道自己的行为会受到法律的严厉制裁，由此无所畏惧，为所欲为；四是不善于交流沟通，现在的青少年心理比较脆弱，在遇到压力、挫折、委屈时，不会敞开心扉与别人交流，不会与老师、父母、同学沟通自己的想法，而是自己默默地承受，因此很容易发生极端的违法犯罪行为；五是早恋，一些青少年早恋，由于"争风吃醋"，引发校园暴力。

总之，校园暴力近几年在我国的增长速度呈上升态势，越来越多关于青少年的犯罪产生自校园暴力，这种情况要引起我们的重视。那么，青少年如何预防校园暴力呢？

首先，"自救"，从自身做好，提高自我保护意识和用法律保护自己合法权益意识，遇事冷静、勇敢沉稳；

其次，处理好与他人的关系，和睦相处，不伤害他人利益，不以大欺小，不以众欺寡，不没事闹事，要与人为善，坚决制止在校园内外打架、谩骂和使用侮辱性语言等；

再次，认清暴力的危害性，暴力可以宣泄情绪，却无法解决问题，是一种极端和偏激的处理问题的方式；

最后，学习法律。学会把法律作为处理纠纷、处理矛盾的准绳，只要是违法的事情，都坚决不做，只要是发生了冲突，都要通过合法的手段来解决。

学会求助和交流，遇到不顺心的事，或者与别人发生冲突，遭遇到校园暴力时，要及时向老师、学校求助，向家长求助，向警方求助。求助的对象年纪越大越好，因为年纪越大，社会经验越丰富，解决矛盾冲突的正确方法越多，但不要向社会上的所谓朋友、无业青年求助，他们只会让事情变得更糟、更复杂、更麻烦。

心香一瓣

校园暴力是指同学间欺负弱小的行为，多发生在中小学，受害的青少年会长期受到欺凌，长此以往，构成心理问题，影响健康，甚至影响人格发展。校园暴力给青少年造成的危害既有皮肉的创伤，也有心灵的创伤，还会在青少年中造成一种不良的暗示：邪恶比正义更有力量，武力比智力更有价值。关注孩子的内心，对其进行青春期的心理教育是必不可少的。

感恩老师的批评

批评对那些学习成绩一般的同学来说，是常有的事。很多人面对老师的批评，一百个不高兴，甚至还有人怨恨和顶撞老师。我们都知道，这是错误的，即使老师批评错了，青少年也要抱以感激的态度，感谢老师不让我们犯错。

一位中学生在作文中这样说："天地虽广虽大，但学习这条道却不好走，自己虽然只活了区区十几年，但看遍了世间的坎坷，只有老师，把自己毫无保留的本领倾心传授。特别是当自己朽木难雕之时，老师冒着'得罪学生'的风险，苦口婆心，严厉异常。现在，我终于明白老师的真正用心，所以感谢您，我的老师……

人们常说，老师是人生道路上的指明灯，既给学生指出正确的方向，又带着学生前进。每一个学生的成长都离不开老师的帮助和培养，老师既是知识的传播者，又是思想的启迪者，心灵世界的开拓者，这也是自古以来老师被尊重的原因之一。

几乎，每个学生都被老师批评过，差生更是如此。所以，那些经常挨老师批评的学生心里不舒服，心里对老师的批评持抵触态度，感觉自己在同学和家长面前特没面子，认为老师不公平，总是跟自己过不去，甚至心生怨恨情绪。

这样做只会害了自己，这是因为：

一是老师批评是对事不对人，一般来说，老师不会无缘无故地批评学生，批评是为了纠正，也是为了履行自己的职责；二是批评是为了学生不再犯错，老师的见识和能力一般比青少年强出许多，发现不对的事情就要说上两句，这无可厚非，这是负责的一种方式；三是批评是因为青少年做得不够，老师作为知识的传播者，知道哪个学生哪方面比较差，批评是一种非常自然的态度，对于青少年来说有则改之，无则加勉；四是不接受老师的批评，等于没有改正错误，老师批评的目的就是改正学生的错误，使其不偏离学习的轨道。

因此，青少年要感激老师的批评，靠着它发现知识的奥妙，走上求知的正轨。在学习生活中，老师可以给青少年答疑解惑，带领青少年走出知识的迷宫。总之，老师是辛苦的，是尽心尽力的，因此，青少年应感激老师，不要因老师一次批评而耿耿于怀，老师即使错了，青少年也应大度一些，毕竟老师不是故意的或不知真相的，人不要怨恨不知道真相的人。

批评如诗，描述历练的成功；批评如画，勾勒收获的喜悦，批评如书，记录成长的篇章；批评如歌，吟咏生命的奇迹。

有了对老师批评的正确认知，我们应该怎么做呢？

首先，怀着感激之心接受教导并认真反省自己的过错，同时心平气和地同老师交流、沟通，畅谈自己的想法。

其次，批评是前进的动力，有人感谢和蔼的微笑，因为它让人懂得与人为善；有人感谢鼓励的掌声，因为它能让人体会到成功的自豪；有人感谢慈爱的目光，因为它让人获得前进的动力，批评使人纠正错误变得成熟，然而有多少人会感谢善意的批评呢？

再次，心理上接受老师的批评，因为批评并非坏事，批评是催人奋进的一剂良药。良药虽苦，但利于治病；批评逆耳，但能促你改进。难道，我们不应该感谢批评吗？

最后，批评能使你不偏道离线，瞄准方向。感谢批评，不忘师恩！我们的人生定然走向辉煌。

心香一瓣

> 精彩的人生绝对需要批评与表扬，缺一不可！如果只有批评而没有表扬，人生就将会是地狱。只有表扬没有批评的话人生将会很寂寞，很无趣！其实，面对老师正确的批评，我们不但应当抱以像被表扬的态度面对老师，还要感激老师不让我们再犯错。即使老师的批评是错误的，青少年也要知道老师是无意的，事情过后，老师不会将此挂在心上，自己也不必耿耿于怀。

和老师赌气是一种傻气

赌气就是自己负气,因不满意或被错误地对待而任性行动。其实,负气、不满意和被错误地看待并不一定错,错就错在"任性行动"上。任性行动的后果不可预计,有可能通向孤独的境地,有可能通向怨恨的泥淖,也有可能通向自暴自弃……总之,和老师赌气是一种傻气,在这个过程中,老师不是赢家,而自己更不是赢家。

我今年上高二了,明年就高中毕业了,所以学习对我们来说非常重要。现在,我感觉自己很不喜欢数学老师,真搞不明白他为什么用那么多的方法来解题,绕来绕去,令人反感。因此,我一上他的课就提不起精神来。曾经,我非常喜欢学习数学,现在却很郁闷。现在,我一般不想做布置的家庭作业,也不想听他的,感觉有点剑拔弩张的紧张。其实,数学老师是一位很好的老师,对我也是负责而尽心尽力的。但是,我不喜欢他讲课的方式,不想听他的课,但又不想让数学拉了我的后腿。我知道恨老师不对,真不知该如何办?

其实,无论多么出色的老师都会有缺陷。因为在教学中,单方面的付出是不够的,可能还会造成负面影响,老师天天说让这些学生一定好好学习,可能会激发其逆反心理,尤其是对已经有了一定的独立思考能力的青春期的学生。教学应是双方的,但如果一方出了问题,另一方要在完成大的教学目标下尽量地包容对方、配合对方。

青少年处于人生学习的重要阶段,一天到晚都在学校里,主要和老师打交道，难免起摩擦。特别是青少年处于青春期，心智和身体未发育完全，但想参与和具有表现欲的个性常常让他们把事情办砸，结果惹来了老师的批评。

这时，具有强烈自尊心的青少年感觉老师如此大张旗鼓地"宣传"自己，感觉很没有面子，于是和老师结下了梁子。一个孩子这样说：

我非常讨厌物理老师，上他的课常常把思路搞乱，而且，他还用那么多的弯弯道道来解题，让我更加一头雾水。于是，一上他的课，我就提不起精神。尽管他对我抱有很大的希望，但我对他总提不起兴趣来，常常在他的课上反其道而行之。结果，我的物理成绩在全班数得着的前几名，当然忘了一个前提——倒着数。

其实，例中的孩子的做法是不对的，由于自己不能适应老师的讲课，而不去反思自己，却狭隘地拒绝听课，最终害了自己。

其实，很多同学本身也想学习好，以备将来有前途。但很多人选择和老师赌气，结果把自己的学习给赌进去了，因此，青少年尽量不要盲目和老师赌气，这是因为：

一是老师并非完人，老师教育学生不可能面面俱到，不可能都符合青少年的心理，老师也有自己的苦衷，提高整个班级的分数是他们的责任，但他们有方式欠妥的地方；二是青少年做得不够，由于自己不够努力，而经常遭受老师的批评，自己对老师产生偏见，于是赌气；三是进步和谐是双方的，如果只有老师那边"一头热"，学生这边不配合，效果也不行；四是赌气相当于自毁长城，赌气需要成本，这就常常把自己的前程堵住了；五是认清自己的使命，学习的目的一方面是汲取知识，丰富自己，为将来优先发挥自己的社会价值做量的积累和质的飞跃。另一方面，要通过班集体的学习和生活，培养自己的沟通能力、交流能力、合作精神。

总之，不和老师赌气有很大的好处，那么，青少年怎样才能做到不和别人赌气，方法如下：

第一，尊其师，信其道。一般来说，老师相对学生和父母来说，是学习的佼佼者，青少年如果要学习好，就不要和老师赌气。

第二，学会心理换位，青少年如果把自己置身于对方的立场去思考、去感受，就会发现老师的难处，并在这个过程中改善师生之间的关系，减轻或避免自己对老师的抵触情绪。

第三，如果确实是老师的问题，要学会和老师交流沟通，而不要在课上"半路杀出个程咬金"。沟通需要时间，最好是在事后找老师谈心，说明实情，消除误会，也帮助老师改进。

第四，学会和老师打招呼，积极帮老师做点小事，老师会了解你的心意，一切既往不咎。

第五，青少年要坚定自己的理念，坚定学习取决于自己的理念。许多同学认为学习成绩取决于老师，因此经常对老师察言观色，思虑老师的言行并自己对号入座。

心香一瓣

和老师赌气是一种幼稚的行为，是心智不健全的一种表现。有一些青少年和老师赌气，往往采取过激的行为，比如，离家出走、自杀等。其实，和老师赌气无非就是想证明老师错了，如果为此采取过激的行动，伤害的不仅是老师，还有自己，而受到最大损失的便是自己的父母。

体育运动要注意什么

体育运动可以增强体质,调节身心,是生活中不可缺少的内容。进行体育运动时,要遵循运动的基本规律,并注意一些安全规范,才能达到既锻炼身体,又愉悦身心的目的。一些青少年在体育运动中常常虎头蛇尾,甚至违反安全事项,不但起不了锻炼的作用,还给自己的身体安全留下了较大隐患。

众所周知,体育运动有助于青春期孩子的身体发育,能够增强他们的体质,增强其神经系统、骨骼系统、循环系统、呼吸系统和心脑血管系统等的功能,并有助于他们心理的成长。需要注意的是,应根据青春期孩子身心发展特点、体育运动对青少年身心健康的影响,采取不同运动形式、强度、时间来达到健康锻炼的目的。

特别是现在,人们的物质生活有了较大的改善,但缺乏相应的健康知识,导致肥胖的青春期孩子越来越多,原因在于他们饮食不节,缺乏运动。这使青春期孩子们吃了不少苦头:上课打哈欠,走路没有精神,总感觉到累。因此,对广大青春期孩子来说,锻炼是十分必要的。

当然,一些青春期孩子生活有规律,天天进行一定的锻炼。这无疑是好的,但一定要注意锻炼的规则,否则,不但起不到锻炼的作用,还容易给健康带来损害,这是因为:

一是正患有一些疾病的青春期孩子不应进行体育锻炼,比如,发烧发热等体温升高的疾病,各种有关内脏的急性疾病,鼻、上呼吸道出血、消化道出血等有出血倾向的疾病、痛经或月经紊乱，等等；二是一些锻炼场地不符合国家的要求，比如，地面凹凸不平、太过光滑、有关运动的保护垫子质量不合乎要求，等等；三是不注意锻炼的管理秩序，比如，有的人不服从运动区管理人员的管理而进行野蛮锻炼，则容易伤害别人；四是一些青春期孩子锻炼时准备不足，比如，穿着皮鞋打球、运动前没有做准备活动，等等；五是一些青春期孩子不能进行科学锻炼，比如，锻炼过度、立即大量饮水致使体内的盐分失衡，等等。

这样做容易给疾病中的青春期孩子的病情雪上加霜，出现不可预知的后果，容易使青春期孩子受伤，甚至出现休克或死亡的不良后果。曾经有这样一个孩子：

小明在青春期时，非常注意锻炼自己的身体，所以身体非常棒。为了让身体强上加强，他天天做一些基本功，但他不知道基本功的要领，基本靠蛮力进行。

一两年后的一次常规体检，他的身体状况还比较健康，但出现了"O"形腿，这是他强拉硬拽的结果。

因此，青春期孩子在体育运动中要充分注意，不要由于锻炼方式不当而造成健康隐患或安全隐患。下面的措施值得遵守：

第一，注意潜在的伤害，比如，不能佩戴铁质的纪念章，不能携带小刀、铅笔、钥匙、手表等物件，还要注意一些体育器材，严格遵守动作要领，在学校严格遵从体育老师的管理，以防伤害事故的发生。

第二，运动前后要做好充分的准备，比如跑步时要穿防滑鞋，一些活动需要做一些准备运动，应做一下放松运动再进行体育活动，运动后不应马上洗热水澡，等等。

第三，大量出汗后，可喝一些淡盐水进行补充，而不要马上大量饮水。

第四，锻炼要循序渐进，掌握运动负荷。锻炼后如果感觉肌肉酸痛，表示运动过量,应酌情减轻锻炼。身体出现酸痛也有可能是自然反应,因为体内产生一种叫作乳酸的物质,它使你有酸疼之感,但只要坚持锻炼,这种感觉就会逐渐消失,说明你的体能也得到了提高。

第五,均衡锻炼,持之以恒。体育运动的方式应是多种多样的,这样可以全面锻炼自己的身体,使自己身体的各器官机能均衡发展。另一方面,锻炼要持之以恒,张弛有度,达到科学锻炼的目的。

第六,室内运动要注意通风,以保持有氧运动。

第七,注意饮食,青春期孩子运动期间,能量消耗大,需要及时补充热量,但不要过多,以防发胖。吃饭时不偏食,荤素科学搭配,粗细粮科学搭配。这样保持酸碱食物摄入平衡。

第八,注意锻炼卫生,比如,运动后要洗澡,勤洗换鞋袜,鞋袜如果潮湿,适宜真菌的生长,而容易得脚癣。

心香一瓣

> 体育运动是增强体质、娱乐身心的主要方式,也是我们生活中不可缺少的内容。青少年参加体育运动只有遵循人体运动的规律,才能达到锻炼娱乐的效果,否则,可能会出现安全问题或者严重的事故。注意:在发生有生命危险的运动事故时,应第一时间打120求救电话,以最快速度得到专业救治,甚至应掌握有关的应急自救技巧,在医生没到场时,就要进行现场应急处理。

克服嫉妒

嫉妒是当今社会最常见的一种心态,它总是拿自己与他人比较,发现自己在才能、家境、地位或境遇等方面不如别人而产生羞愧、愤怒、怨恨等复杂的情绪。青春期孩子正处于学业繁重的升学期,竞争激烈,更容易表现出嫉妒情绪。

在社会中,每个人的生活境况都是不一样的,有的人富足,有的人贫穷;有的人优秀,有的人普通;有的人成功,有的人失败……有了差别,那些处于劣势的人就常常羡慕那些优势的人,这种心情如果长期得不到满足,心里就容易滋生出一种嫉妒情绪。

在敏感的青春期孩子之间,更容易出现这种情绪:其他同学为什么持有昂贵的IPAD,而自己却拿着普通的手机;其他同学车来车往,自己却骑自行车;其他同学住在宽敞的大房子里,自己却只能挤在大杂院里……青春期孩子的心是最敏感的,他们很容易注意到这种差别。处于劣势的孩子是极要面子的,由此引发的心理是脆弱的。

其实,作为青春期的孩子大可不必如此,因为自己处于人生的关键阶段,此等心理会不可避免地影响自身的发展,这是因为:

一是影响身体健康,过强的嫉妒心理可导致大脑皮层功能紊乱,引起人体内免疫系统功能下降,使机体抵抗力大大降低,容易引发各种疾病;二是忍受情绪的折磨,嫉妒常常导致烦恼丛生,并忍受精神的折磨,自己会陷入一种恶性循环中而不可自拔;三是容易形成偏见和狭隘的性格,处于嫉妒中的孩子判断事物通常会产生偏见，看问题容易狭隘；四是影响同学间的友好交往，嫉妒心强的青春期孩子通常会诽谤、诋毁自己身边优秀的同学，不能忍受别人超过自己，并怀恨在心，暗中展开攻击，给他造成伤害。

因此，青少年学生最好不要嫉妒别人，更要小心那些嫉妒自己的人，因为它随时都可能转化为矛盾，甚至不可挽回的悲剧，比如，2013年4月份发生的复旦大学医学院饮水机投毒案，黄洋被林某投毒致死。下面还有这样一个真实的例子：

广西某小学6年级的女学生覃某因不满同班同学周某比自己长得漂亮，长期怀恨在心，一次，将其约至自家杀害，并砍断头颅、手臂装入袋中。因其是未成年人，公安机关决定对其收容教养三年，同时覃的父母赔偿周的家庭10多万元。

总之，要努力克服这一不良心态，嫉妒心理不利于青春期孩子的成长与发展，嫉妒害人害己，既不利于中学生建立正常的、健康的人际关系，也容易给自己或他人带来不可预知的危险。那么，青春期孩子如何克服嫉妒的心理呢？

首先，变压力为动力。其实，人有轻微的嫉妒是必要的，因为一个毫无嫉妒心的人是缺乏活力的。有了嫉妒心要转化为人生前进的动力，从而激发出人的潜力和创造性。因此，面对他人的优越，我们应把嫉妒变为赶超的行动，赶上和超过他人才是正确、科学的解决办法。

其次，认清嫉妒的危害。自古以来，由嫉妒引发的反面典型层出不穷，要以此为戒，避免沉沦，避免更大的损失，并善于自我评估与分析，学会辩证地看问题，认清自己的长处，使自己受到鼓舞和激励。

再次，加强道德修养，学会自我调节、自我控制。嫉妒不仅有害，还使自己孤立，不利于合作发展，作为青春期孩子，要从"小我"中解放出来，拓宽视野，胸襟宽阔，正确看待他人的成功，学会自我调节、自我控制。

最后,学会在实际生活中摆脱嫉妒。要学会充实生活,用知识丰富自己。一个有奋斗目标而生活得紧张而有节奏的人,是没有空闲去嫉妒别人的,会时时在良好的情绪状态中发展自己,完善自己。

心香一瓣

> 研究表明,嫉妒心理如果经过自我调节与有效的控制,就能形成强大的奋斗动力,变羡慕、怨恨为鼓劲、打气。因此,面对劣势,勇敢地接受现实,汲取他人的长处,扬长避短,用实际行动去缩小和赶超对方的优势,不断发展和完善自我才是正确的应对之道。

化解学习压力

青春期是掌握知识的重要阶段。由于社会竞争和未来工作的需要,青春期孩子需要掌握较多的知识,在这个过程中,面临来自学习、社会和家长三方面的压力。在压力面前,青春期孩子学习效率下降,甚至健康出现了"报警信号"……

前段时间看到这样一则新闻:

一个北大的研究生,因为压力太大,对前途绝望,竟然离校出走,生死下落不明。乡下的父母知道后,大老远地从乡下跑来,找遍了京城,却一无所获。可怜天下父母心!让普通人无法理解的是,堂堂的一个北大研究生,学习优秀,条件优越,究竟有几个人能上北大清华呢?可就是这样一个令人羡慕、令人仰望的年轻人,为什么偏偏对前途没有信心,竟至于沮丧到那一步?

据权威调查统计,除此之外,在北大、清华、人大、北师大,这些全国一流的大学里,无论是本科生还是硕士生、博士生,悲观绝望的并不鲜见,出走还算好的,有人甚至直接做出非常极端的行为后跳楼,一了百了。 越是名校学生,越是压力巨大,其实这是正常的。他们很长时间都生活在老师赞扬的宫殿中,因为他们背负着太重的期望。正因为他们的优秀,所以他们更害怕平庸,害怕让家人和社会失望,这是所有优秀者的共同心病。

优秀的人,总想进入更优秀的环境,在更高的层面上与人竞争。视野广了，看得多了，也许就看到了自己的渺小。虽身处高位，但坐标系变了，参照物变了，你高，还有比你更高的，你优秀，还有比你更优秀的，比来比去，反而更自卑。

学习是青春期孩子生活的主要内容，也是为将来工作打下坚实基础的前奏，所以学习是一种有益的事情，但很多人却效率很低，非常被动，显而易见，这是由学习压力导致的。由于学习的要求和各种环境的影响，青春期孩子在学习的过程中面临很大的压力。为什么会出现这种情况？

一是作业多，青春期的孩子大多数处于初高中，初高中学习的知识多，作业量大，很多人通常写到深夜；二是考试多，在初高中，学校为了摸清学生掌握知识的情况，通常以考试为检验尺度，总是进行大量的测验，青春期孩子书包内的大量试卷可以为证；三是来自父母等的过高期望，每个父母都希望孩子有所出息，将来在社会上立住脚跟，最好出人头地。

青春期孩子如果面临这样的状况，将给正常的生活带来一系列的麻烦，比如：吃饭量偏小、食欲不振、睡眠不好、感觉不爽，等等。在健康上表现为，有时出现恶心和呕吐等生理反应，有时出现沮丧、没劲等情绪低落特征；在情绪上表现为，有时显得不耐烦，脾气暴躁、做事消极、冷言冷语。

除此之外，这样的孩子在学习上常有不好的表现，他们学习常常敷衍，常常抱怨不已，常常对学习过分指责，常常对学习没信心，常常担忧自己的学习。那么，他们如何化解学习压力呢？

第一，提高认知，正确看待压力。当面临学习压力的时候，你要看得淡一些，不就是一些作业和试卷嘛！重要的是不要患得患失，瞻前顾后，无谓地增加心理上的压力。

第二，分清秩序，按部就班。可先拣重点的做，逐个突破，重复的知识或过于简单可做可不做的知识那就干脆不做。在这个过程中，要建立合理的目标，以保证实现。

第三，抓好时间的利用。青春期孩子有了一定的控制力，学习时，要制定时间表，该做的就做好。

第四，学会放松。学习之余，要学会放松，可以向亲朋好友倾诉，宣泄不良情绪。可以从事一些文体活动和休闲爱好，使身心得到放松。

第五，学会加压。其实，生活中的很多学习都被无限地拉长，导致很多学习功课一拖再拖。因此，你可以将你的学习当成一项比赛，根据你的实际情绪，制定一个纪录，比如一小时可以完成多少作业，等等。

心香一瓣

> 在生活中，一些青少年的学习压力非常大，用"脑疲劳"形容就比较准确。"脑疲劳"这种说法虽然比较新鲜，但这种现象却早已有之。"脑疲劳"是一种"亚健康"状态，尤以脑力劳动者和在校学生为甚。据专家调查分析，在我国青少年群体当中，至少有50%的人存在着不同程度的"脑疲劳"。

成绩差是可以补救的

青春期孩子处于人生冲刺的重要阶段，学习成绩是父母最为关心的问题之一。青春期孩子成绩如果较差，父母往往会心里不安。其实，青春期孩子的成绩差是可以补救的，父母的教育措施得当，可以使孩子的成绩补上来。

前面已经说过，青春期孩子生活的主要内容就是学习，学习的好坏对他们来说是非常重要的。甚至连父母也参与进来，帮助孩子提高学习。虽然父母的愿望总是好的，但实际效果却不太令人满意，于是一些父母沉不住气了，开始责怪孩子。孩子则一肚子委屈，表示自己已经尽了最大的努力，能怎么办？

在学校学习成绩差，孩子本身也很努力，父母的帮助也无济于事，难道学习就无解了吗？当然不是。在分析这个问题之前，先看下面一个典型的实际例子：

现在，我读初二了，过了暑假就升入初三了。但我感到很苦恼，因为自初二以来，我的成绩就像自由落体运动，呈现垂直的下降趋势。特别是英语，没有一次及格，全在八九十分之间徘徊。最近，数学也是如此，期中考试仅考了470分，有两门课不及格。

老师不止一次在班上讲，要想考上高中，学习成绩就必须在650分以上，但我离它越来越远了，没有希望上高中了。虽然我现在上的是重点中学，但我是靠幸运而"撞彩"的。我的学习基础从小就不好，进入初中明显跟不上。我想读技校,但父母说初中学历让人家看不起。我也想尽量学好,但我总是学不好,对学习看得很淡,可是不学又不行。

我的父母没有什么学历,我更怕别人看不起他们。如果考不上高中,只有上技校。好在父母从不给我压力,让我努力学就行了,可我感到很内疚,即使上技校,选择什么专业好呢?该怎么办呀?帮帮我吧。

从例中的孩子可以看出,他也想学习好,但是学不好,心里还特担忧,为什么会这样呢?当然不是老天对这位同学不公,是他自己的原因,原因如下:

一是基础较差,从他自述的情况来看,基础一直较差。不言自明,一个学习基础差的孩子想提高成绩是比较困难的;二是自卑,考上重点高中认为是"撞彩",由于一段时间内的成绩下降,心里没有上高中的信心了。试想一下,一个心中自卑的孩子的成绩是很难再有起色的;三是,心里焦虑,心里担忧考不上高中,怕父母被看不起。由此,例中孩子承受着巨大的心理压力,这种压力在一定程度上影响了他的学习;四是,矛盾心理,想尽量学好,却又对学习看得很淡。其实是,因为学不好,不得不把学习看得淡。

以上四种原因诠释了孩子学不好的关键所在,好在他的父母没过分要求他,否则,孩子说不定会憋出什么问题来。显然,如果想让孩子像野花般顺其自然地生长,肯定会出问题的。谁也不愿意毁了自己的孩子,关键的是走出学习误区。

其实,学习好并不难,重要的是抓紧自己的关键问题。总体说来,下面几个方面最为关键,只要掌握好,想不学习好都难。

第一,树立学习必胜的信心。不管老师和同学如何看自己,自己一定要坚定学习的信心,如果觉得自己学不好了,就等同于放弃了学习,一个放弃了学习希望的孩子就不再有希望。

第二,找到学习的突破点。学习不是所有的努力都有明显的效果,重要的是抓住自己的关键问题所在。比如，基础差，补基础；心理出现问题，进行抚慰、鼓励和赞扬，发掘出闪光点，使其看到希望，增加学习信心，一直走下去；环境差，提供良好的学习环境……

第三，科学学习。学习时，要注重学习方法，按部就班，轻松掌握知识。比如，每天要保证足够的睡眠，上课要集中精力，经常参加体育锻炼，和老师、同学和谐相处，等等。此外，还要经常复习，将知识融会贯通，连成一体，即系统地掌握知识。

心·香一瓣

在应试教育体制之下，学习成绩的好坏往往容易成为学生、家人及社会各界评价他们成败得失的显性指标，甚至是唯一的指标。这导致其身心健康未能实现均衡发展。同时，这会日益忽略对青少年志向与理想发展的关注，使得青少年更多满足于享受当前的安逸生活，而缺乏对未来的思考，对人生意义的探索以及对突发危机的应对，从而成为"高分低能"的人。

一不小心爱上了老师怎么办

日久生情。处于青春期的学生，平时接触最多的莫过于学校关爱自己的老师了，所以容易和老师发生恋情。特别是那些学识渊博、高大帅气、年轻漂亮的男女老师，热心地指导和关怀学生，带给他们很多的幻想和崇拜，由此引发的师生恋还不少。但是，老师和学生之间是有别的，师生恋也是不适宜的。

王芳是我们的班长，别看她是一个女生，但性格却像一个男生。一次，地理课的预备铃一响，王芳像一只轻快的燕子跑进教室里宣布："各位哥们儿和姐们儿，我们告诉你们一个好消息。教我们地理课的李老头光荣退休了，现在调来了一位帅哥哥教地理课。"话音刚落，一个身材高挑，身着一件黑色西装，打着鲜红色领带的帅哥走进了教室，他的身影透出了年轻的活力，英俊的脸庞流露出不凡的气质，在此想起来了一个合适的词——气宇轩昂。

这时，班级的同学们一声"哇，哇……"惊叹声中，不约而同地吐出了两个字——真帅。接着，这位老师自我介绍，他姓张，是刚毕业的研究生，希望和我们共同学习，共同进步。他的普通话非常标准，课也讲得有声有色，眉飞色舞，同学们都像久旱的禾苗在吸收甘霖。时间一点一滴地流淌，同学们在意犹未尽中听到下课铃声，又都"嘘"的发出一声遗憾的叹息。

班长王芳说："我快被李哥迷死了，如果能和他单独待一天，死不足惜。"说这话的同时，郑品茗也被王芳的话说得怦怦跳，为了掩饰自己的紧张不安，就对同桌说："放学后，我们去看足球比赛吧？"

放学后，郑品茗和同桌来到了操场上，她惊喜地发现，李哥恰好驰骋在足球场上，白色的背心映出他那雪白而健壮的肌肉，他的勇猛和快速简直就像马拉多纳一般。

突然，足球向她飞速地射来，碰到墙后正好弹到她的面前。她捡起球将球扔了过去。李哥没有说话，只是朝她笑了笑，摆了一下手势，就继续冲杀了起来。

不知怎地，郑品茗感到一股暖流流遍了她的全身。她真的感到好幸福，好幸福。一次，李哥一连两周没有来。郑品茗就好像失魂落魄似的，学习顿时失去了光彩。两周后，当李哥安然无恙地出现在面前的时候，郑品茗激动了好久。在教师节那天，郑品茗为李哥准备了一份特制的礼物——一张写着"I love you"的贺卡，同时心里慌张不安。但过了很长的时间后，李哥好像什么事都没有发生一样。郑品茗却忍不住了，找了个借口问他："你收到我的贺卡了吗？"这时，帅气的李哥笑了笑，说："原来是你送的，我爱你们每一个学生。"当时，郑品茗的眼泪都快流出来了，因为她想得到的并不只是师生之间的爱呀！难道他真的这么笨吗？

有一天，郑品茗发现李哥身边有了一位非常漂亮的女人，她放学回家后，偷偷地哭了一夜，她开始不爱说话，不爱笑，她想自己是自作多情，自己那么丑。只有刻苦学习，把时间都放在学习上，那颗伤透的心才得以安慰。功夫不负有心人，后来她考上了重点高中，最后又考上了重点大学。虽然偶尔有时也会想起李哥，但已经觉得没有什么了。因为她发现比李哥帅的有才华的男人有很多很多。回想起来还得感谢李哥，如果不是他，自己也不会这么用功，也不会有今天。

中学生爱上老师是师生恋的一种形式，这并不是一种特殊的现象，生活中非常正常。

青春期的孩子荷尔蒙分泌旺盛，开始出现第二性征，对优秀的异性容易产生好感，包括自己的老师。

其实，青少年更容易爱上老师。这是因为处在菁菁校园中的青少年除了和同学们朝夕相处，接触最多的自然就是老师了，成熟的男老师所独有的那种魅力，渊博的知识和翩翩风度，对于少女来说是一种极大的吸引力；同样，女老师对学生的关爱让男生们感到特别的温暖、温柔和善良。

同老少恋一样，师生恋大多不会有好的结局，这是因为：

一是青少年的思想和情感处于不成熟的阶段，对老师的背景和性格等方面都知之甚少，多是凭一时的感情冲动，具有很大的盲目性，缺乏基础，很难持久；二是青少年处于学习的重要阶段，谈恋爱容易分散精力，影响学业，甚至中途辍学；三是老师一般都有家室，学生自然扮演一种"第三者"的角色，必然招致老师爱人的怨恨，更是遭到学校和父母的反对以及社会舆论的谴责，这几种压力会让他们在社会面前抬不起头来。

总之，师生恋不被看好，是有其客观原因的，这种客观是真正理性和正确的。但有些青少年已经对老师的"爱"入木三分，这时应该怎么办？

首先，要正确认识自己的感情。学生对老师产生好感是正常的，但他们还不能区分真爱，如果好好学习，过一段时间后，可能会发现自己的感情是多么幼稚，这顶多是一种对长辈们的审视和评价，而使你对当事老师比较在意而已。

其次，自己以后的路还很长。退一步讲，你如果喜欢你的老师，却还有很长的路要走，读完初高中，继而考上大学，大学毕业后再工作。这是一段非常长的路，而且当你真正走过来时，时过境迁，老师已是"明日黄花"，你自己还会不断地成长和丰富，会为自己当时的行为感觉很可笑。

再次，远距离欣赏老师。老师即使再有魅力，自己也要和老师拉开距离，一旦陷入过深，就可能会受到伤害。这种伤害可能是学校、社会和老师带给的，总之，不要变成现实为好。

最后，把老师的优势当成自己的奋斗目标。老师学识渊博而富有魅力，你不妨将此当作自己的奋斗目标，努力学习，不断提高自己的素质和艺术修养，等自己的思想和阅历提高了，你自然就会发现老师不像以前那么有魅力了。

心香一瓣

> 在生活中，青少年感情丰富细腻而敏感，对老师产生好感，只是一种极单纯的爱慕，而并非真正意义上的爱情。很多青少年之所以把自己第一次爱慕的眼光落在老师身上，并非是一种真爱的感情火花的迸发，而是一种对爱情的美好想象与憧憬。吸引着你、牵系着你的实际上并不是他本人，而是你所编织的梦的光环。在处理自己的感情上，青少年应该理智的成分更多一些，浪漫的情调少一些，把自己美好的感情化为动力，充实自己、完善自己，正是走好人生道路之关键。

理性对待老师的暧昧

一般而言，青少年的感情是一片空白，他们有点迫不及待地邂逅一场艳遇，一场轰轰烈烈的恋情，当老师伸来橄榄枝的时候，他们会不加分辨地一股脑地全盘接收，而对后来的危险全然不知。

我的物理老师已经30多岁了，有了自己的儿子。最近发现他有些异样，总有些说不出来的感觉，比如，他故意制造机会来看我，故意路过我们班级，上课时老是看我。在没有人的时候，他趁机摸我的手。不管在哪，总会发现他的影子。我怎么办呢？我不想过早地谈恋爱，又不好意思拒绝他。后来，仔细一想，作为老师，不为人师表，不知道自重，把我当成什么人了，所以，我最近一直都很烦，难道就让他的态度一直暧昧下去？

作为一名少女，要好好保护自己，可以和家长说，或和班主任、校长说都可以，而不要觉得不好意思拒绝，否则，就随时有可能受到伤害。老师毕竟是老师，在自己的人生道路上面，老师其实起不了多大的作用，因为自己以后的路还长。

据一权威媒体报道，某市一小学教师以补课、开发智力为名，自2000年11月至2001年5月先后数十次强奸、猥亵了10岁左右的女生10余人。开始，他只是试探性地猥亵了几名女生，后又以帮助提高学习成绩为名，将女生诱至家中实施犯罪，并威胁被害人说不能告诉任何人，否则就不准其上学。这几名天真的女生竟信以为真，没有一人告发。正是利用了被害人的这种无知、惧怕心理，这位色魔老师肆无忌惮，胆子愈来愈大，几乎每天都作案，有时竟一天强奸、猥亵二三名女生，真可谓教师中的败类。

在学校，总有老师偏爱自己的某些学生，这多是出于对学生前途的关注和自己劳动成果的尊重，谁不希望自己多一些得意门生呢？这其实是无可厚非的，也是做老师的本分，是爱护优秀学生的表现，而他们无疑也是好的老师。

但也有一些老师，他们的出发点是为了满足自己的私欲，常常以学习为幌子，将魔爪伸向年幼无知的青少年。这时作为学生的你，要引起高度警惕。这是因为：

一是自己的身体神圣不可侵犯，有一些老师是披着外衣的狼，总是制造机会摸孩子的手，甚至是敏感部位，这时，青少年要注意，千万不要以为老师爱上了你，他在你的人生道路上只是共度很小的一段路程，而自己的路还很长，老师一旦做出了这样的行为就意味着"为师不尊"，与授业解惑相去甚远；二是真正爱护学生的老师不玩暧昧，真正关心学生的老师，是在生活和学习上处处关心自己，而不会玷污学生或毁了学生的贞操；三是把自己的感情留给自己最想爱的人，在自己的人生道路上，老师是辛勤的老师，但绝不是最爱自己的人，自己不能在没有成熟之时，就"把自己抛给了别人"；四是即使喜欢老师，也要保持距离，一般的，老师是成年人，而自己是未成年人，在各方面无法和老师相比，基本不存在真正的感情可言，记住：喜欢老师并不是要把自己交给老师；五是老师已经违反了道德和法律，老师主动追求学生，在无形之中，已经违反了师德，于情于理，都是不可取的，如果发生了性关系，那更是违反了法律。

总之，老师的暧昧绝不是橄榄枝，而是一个诱惑的鱼钩而已。在这个大千世界中，老师也会受各方面的影响，近水楼台先得月，而将自己的魔爪伸向年幼无知的青少年。面对老师主动伸过来的橄榄枝，青少年不妨这样做：

  首先，不能无原则地听老师的话。长期以来，"听老师的话，好好学习"这一核心育人理念被无数家长不厌其烦地灌输给了孩子，无形中帮助教师树立了权威地位，使孩子认为什么样的老师都不可反抗，给一些无良老师带来了可乘之机。

  其次，和老师保持距离。老师是成年人，有善意的一面，也有不公开的另一面，青少年不应单独去老师的宿舍，不应单独和老师外出旅游，等等。

  再次，落入老师的圈套怎么办？青少年万一落入老师的圈套，应义正词严地驳斥老师：为师不尊、与老师应有的美德格格不入。老师毕竟不是十足的犯罪分子，受感化的几率比起社会上的犯罪分子来还是大的多。有些老师会因此向学生道歉，或为自己的这段行为所不齿。

心香一瓣

  一般来说，老师对学生搞暧昧是极不正常的，这样的老师不为人师表，目的根本不为爱，更不要相信他们的鬼话，用衣冠禽兽形容也不为过。因为除了年龄上的原因外，老师的经历肯定比你丰富，价值观肯定与你不同。这样的老师一定要对其小心，而且其往往会有前科，还要提醒周围的同学注意。即使老师是真诚的，也不合时宜。

第四章 小心同学相处带来的危险

　　安全无小事,处处要小心。按理说,同学们每天背着书包高高兴兴地上学,快快乐乐地学习知识,课间参加活动,这种生活是非常幸福的。即便如此,在美丽的校园里,也不能疏忽大意,否则,一些意想不到的伤害事故也会发生。比如,打闹时容易产生一些伤害,等等。

女孩：和同性同学在一起就安全吗

女生和女生相处是再正常不过的事情了，关系好的称为"闺蜜"。其实，女生之间的矛盾会比大大咧咧的男生更多，会因为一些鸡毛蒜皮的小事而闹得不愉快，大动肝火，甚至发生不可预知的危险。因为女生之间的嫉妒等问题是非常危险的。

刚上大学时，惠儿和怡儿是同班同学，都是来自家境相对贫寒的北方家庭。惠儿从小离家读书，总感觉很单调，而怡儿是一个很会照顾人的女孩，渐渐地，惠儿将怡儿当成了自己的亲人，于是两人成了一对很要好的朋友。几个月过后，惠儿发现自己越来越离不开怡儿了，她发现自己已经爱上了怡儿。这种心理让惠儿非常不安，她无法放弃自己的这种同性恋倾向，在痛苦之余，她向怡儿吐出了自己的心声。怡儿开始以为惠儿在开玩笑，当几次发现惠儿认真的表情时，极为震惊，于是开始疏远她。

这个举动让惠儿伤心不已，郁郁寡欢，之后，怡儿开始有了自己的男朋友，这个打击更让惠儿无法承受。为此，她多次找到怡儿，要求她与自己在一起。同性之间如此疯狂地表达爱意，让怡儿顿感恶心，导致双方关系陡然紧张，也让痴情的惠儿更为绝望。不久，一直为情所困的惠儿给宿舍同学留下一封书信，表明了自己对怡儿的感情，然后离校外出了。当惠儿被找回来时，学校立即给惠儿安排了一间新的宿舍，并找心理医生对其进行了心理疏导，但惠儿仍旧纠缠怡儿。

一次，在图书馆里，惠儿看到怡儿和男同学一起有说有笑，嫉妒得不得了，决定与怡儿同归于尽。在恶念头没有施行前，她特意找怡儿谈了一次，希望事情有所转机，但每次都被怡儿坚决拒绝。一天傍晚，一直不死心的惠儿在宿舍走道里堵住了怡儿，强硬地要和她去操场上谈谈。而怡儿敏感地拒绝她："我讨厌你，见到你就恶心。"这话彻底粉碎了惠儿的心愿，她拿出已经准备好的水果刀，向怡儿身上捅去，怡儿大声呼喊，闻讯赶来的校保卫人员将惠儿制服。而此刻，怡儿的身体多处已经被刺得血肉模糊。

一般说来，班里的女生之间的关系是相对融洽的，特别是同桌、学习不相上下的女孩、双方家相近的女孩和双方有共同爱好的女孩，显得关系特别好。这是因为双方有了"共同的东西"，才显得是"一类人"，亲热一点就是"闺蜜"。

关系较好的女生之间，在生活上的表现多种多样，比如，可以一起逛街，可以一起分享对方的小秘密，可以穿同样的衣服……尽管如此，女生之间有时也是非常危险的，这是因为：

一是女生天生的妒忌心理，本来两个关系很要好的女孩，可能因为对方某方面优越一些而妒忌，结果是关系疏远或关系紧张，明争暗斗，甚至大打出手；二是女生敏感多疑，心里的敏感常常使她们由于一点很小的事情而发生矛盾，时而争吵，甚至大打出手；三是侵犯对方的利益，一方如果拿了另一方较贵重的东西不还，或对自己心仪的男生关系密切，就认为对方侵犯了自己的利益而发生矛盾，甚至将对方置于"死地"；四是双方之间爱计较，女孩心理爱讲平衡，如果一方觉得付出太多，如果一方过于优秀，或过于落后，就会心理不平衡，关系渐渐疏远，导致矛盾。

其实，在学习和生活中，正因为女生之间的良好关系而精彩纷呈，情同姐妹是让人羡慕和嫉妒的美好关系。当然，关系比较好的女生之间也容易发生一些误会，闹些不愉快，但乌云过后，就是响当当的晴天。那么，女生之间如何相处呢？

首先，珍惜友谊，不把个人的得失看得太重。同性之间最重要、最宝贵的是友谊，青少年不应把个人得失看得过重，以维持良好的友谊。

其次，学会祝福她，而不是嫉妒。你如果发现自己的同伴有了一些进步，应该高兴才是，为其祝福，使其健康成长，同时你们的友谊会更加长久，而不是要去嫉妒她。

第三，大度而宽容。关系一直不错的同性之间，彼此之间可能无意中做错事或得罪对方，另一方要大度和宽容一些，原谅"闺蜜"的所作所为。

第四，和同性之间相处要注意形象。同性依恋是初中阶段的普遍现象，如果初中两个女生特别要好，每人潜意识都需要同性友谊，这比异性友谊更深。但在公众场合要注意形象，学会必要的掩饰，不要引来误会。

心香一瓣

> 女生的嫉妒心思一旦产生，可能连她自己最要好的朋友也不放过，她的嫉妒心往往表现为对朋友的不理睬，甚至说朋友的坏话而陷害朋友，这是心胸狭窄的一种表现。嫉妒如同味精，适度即可，如果加多了就会变苦。因为过分的嫉妒，反而使自己感到束缚，不舒服，最后往往自欺欺人，友情便可能随时触礁。

男孩：哥们儿义气是心理糊涂的陷阱

哥们儿义气表面看起来很美，大家互为"铁哥们儿"，有福同享，有难同当。但有时为了所谓铁哥们儿的利益，而互不相让、大动干戈，最终因自己的霸道害了别人，也害了自己。

义是中华民族的优良传统，古人讲，义字为先，义字为重。因此留下了"刘关张"兄弟三结义的千古佳话，也成为衡量后世友谊的标杆。

某年夏天，参加高考后的刘某在家里等通知。这时，他的一个好友与别人发生了口角，继而打了一架，吃了不少亏，感觉心里窝囊。他知道后，二话没说，拿起菜刀就找那人算账去了。为了所谓的哥们儿义气，找到那人后，不分青红皂白，拿刀捅向那人的胸口，将其刺死。事后，他被受害者家属告上法庭。这时，大学录取通知下来了，他以优异的成绩考上了北京大学医学部，但他只能望洋兴叹了，等待他的是法律的判决。其实，他本来是一个优秀而前途无量的好青年，可以做一个救死扶伤的医务工作者或专家，由于一时的冲动，为了哥们儿义气，造成了终身遗憾。

在中学生之间，有一些孩子醉心于武侠小说，便"拜把子"，称兄道弟，但他们却是好事不做，坏事做绝，甚至走上不归路，这是因为：

一是学生间的哥们儿义气是狭隘的。学生间的哥们儿义气是无情感基础的冲动，是一种非理智的行为，是与现代文明社会极不相容的行为，顶多算是一种无知和盲从；二是容易走上违法犯罪的道路，由于他们无知和盲从，在很多情况下，他们不计后果，常将对方致伤，甚至致死，而累及自身；三是"哥们儿义气"靠不住，表面看来，哥们儿之间的义气很深，但一旦出事，便和盘而出，甚至出现"背叛"等与义气相悖的事情来；四是哥们儿义气不是真正的友谊，哥们儿义气只是维持短暂的交往，它不是真正的友谊，而是一种披着友谊外衣只会坑害朋友的美丽陷阱。

因此，我们要提倡真正的友谊，反对哥们儿义气，希望青少年能时刻反思自己的思想和行为，明辨哪些属于真正的友谊，哪些属于哥们儿义气。更希望他们都能珍惜自己的学习时光，做相知、相依、相进取的知己，而不是凭一时的冲动，走上犯罪的道路。真正的"义气"应该这样做：

首先，树立正确的友谊观，拒绝害人的"哥们儿义气"。在生活中，好朋友之间要互帮互助，各方得到支持和帮助，但务必要在遵守法律的前提下。

其次，分清是非曲直，再好的朋友也要分清是非曲直，然后去做，以维持"义"的正义感，否则，也就不是义了。

第三，义也要讲究公平。义是建立在公平的前提下的，如果无原则地偏袒，做出的无非是损公肥私的事情，必定导致"天怒人怨"，这就不是义了。

第四，努力学习是最大的义。人生只有努力学习，练好本领，报效国家才是最大的义。

第五，真正的义是"大义灭亲"。从古到今都流传着一些大义灭亲的故事，这些既是道德上的标准，也是法律上的分界线。我国法律明确规定，包庇有罪行的人或者明知是犯罪所得的赃物而予以窝藏或者代为销售的，都要受到法律的制裁。所以，青少年朋友们切莫为"义气"迷失了方向，做出损人而不利己的事情。

心·香一瓣

"义"字，非常有讲究，有民族大义、革命大义、人伦大义、兄弟之义、朋友之义，等等。为大义者，当一往无前、不计生死！为小义者，要分清是非，选择最稳妥的办法来解决。讲到义的同时，不得不说"气"，顺气时还能自我，如果不顺气时，就难说了。为大义而行可能是"战争"，为小义动粗就是"打架"了。青少年之间的义往往是后者。

过度攀比导致的心理危机

由于经济的不断发展和科学的不断进步，青春期孩子面临很大的诱惑。但他们毕竟判断力不足，容易滋生爱慕虚荣和攀比的心理。其实，攀比心理不仅会给学生们造成严重的心理障碍，还对其身体产生了严重的影响，同时学生自私的表现对家庭也产生了难以估计的伤害。

今天，处于青春期的孩子成了一个特殊的消费群体，正越来越受到人们的关注。有很多青春期的孩子为了追逐潮流，购买名牌服装，使用高档化妆品，配备价格不菲的手机、电脑……这在无形之中，助长了他们的攀比心理。

像一些高档手机、名牌时装和高档数码产品，城市白领有时还要慎重地考虑的东西，却成了他们的日常装备。

贺某是天津滨海新区某普通中学高一年级的一名学生，把自己的生日聚会选在了滨海县一家量贩式KTV里。在一个周末的下午放学后，贺某和同班的十几名同学一起来到早已预订好的KTV豪华包房，唱歌、跳舞，从晚上6点一直玩到第二天早晨10点。令人吃惊的是，十几个同学似乎仍然没有尽兴，这家KTV虽提供了免费的自助晚餐，但仅仅包房的费用就花去了1000多元。当然这钱是爸爸给的，开始他并不同意我邀请同学去KTV唱歌，但认为这样有助于增进自己和同学间的友情，最终还是同意了。

除了在当晚着实"挥霍"了一番外，凡是参加这个聚会的同学都出手阔绰，他们送给贺某的礼物有几十元的精美笔记本，也有数百元的篮球、平均花费都在百元左右，他们当晚的出行工具一律是出租车。

时下，在中学和大学校园里，已经开始弥漫着一种攀比、奢侈之风。很多人已经远远超出了自己的生活所需，他们无视父母的辛劳，不惜重金为自己购置奢侈品。这样做对他们有害无益，这是因为：

一是，助长社会的攀比、奢侈之风。青春期的孩子是一个纯粹的消费者，每个月的花费，不仅仅是他个人的事情，也是社会的一种不良之风；二是不利于学习科学文化知识。众所周知，现在积累的科学文化知识越来越多，青春期孩子如果不抓紧学习，不积极锻炼自己的身体，就不能担当未来社会的重任，不能担负起富国强民的任务，容易落在其他国家的后面；三是给家庭带来了沉重的生活负担，由于自己的不断索取，不断购物，不断举办各种生日宴会，加大了家庭的经济负担，给家庭造成了潜在的隐患；四是容易使自己走上邪路，由于自己的贪婪，不断追求攀比，为了物质而容易使自己丧失立场，进而丧失自由。

总之，互相攀比之风愈演愈烈，这些作为纯粹消费者的青少年们，为了拥有手机、电脑、MP3、电子词典等而绞尽脑汁，不惜付出任何代价。结果死要面子活受罪，所以，与其这样，不如身心自由和努力学习来得痛快。那么，青少年要如何做呢？

首先，纠正观念，树立良好的心态。社会上的一些不良风气在时时影响着现在的青少年们，中学生要加强道德修养，纠正自身思想的偏差、从众心理、摆阔心理、攀比心理和享乐心理，以实现健康、快乐和自由成长。

其次，合理消费。虽然现在的生活条件提高了，但也要适度消费，购买自己必备的生活所需，满足自己的学习条件，少花在与学习关系不大的消费上。

第三，变攀比生活为攀比学习。将精力集中到学习上，取得优异的学习成绩，增强自己的信心，实现健康成长。

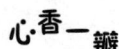

近年来,奢侈消费品正在中学校园中蔓延,中学生超前消费甚至过度消费的趋势也在日益凸显。中学生已经成了高消费群体。据中华全国学生联合会及相关监测机构调查显示,中学生每一学期的人均消费支出高达4819元,如果按一年包含两学期计算,那么这意味着中学生的人均年消费超过了城镇居民人均年收入(8472.2元)。此外,有48.6%的中学生表示喜欢自己购买服装,有58.8%的学生注重服装的品牌。

女生不要在同学家过夜

女生不宜在别人家留宿，不管是关系很好的同学、朋友，还是街坊邻居。因为女生无论在哪方面都处于相对劣势，什么事情都有可能发生，现在有关女孩失踪致死的案例屡见不鲜。出于礼貌和自己的安全，女生不宜在别人家过夜。

走入青春期，男生女生都渴望自由，在学习之余，希望自己玩得昏天黑地。其实，人无论做什么都不可能有无限的自由，都是相对自由的，否则，将使自己处于某种危险之中。因为在现在的社会中，各种关系错综复杂，谁也无法保证会发生什么事情，一旦发生可能会对今后一辈子产生心理影响。

现在，大多数孩子是独生子女，渴望友谊，希望到对方家里过夜，不分彼此，培养"交情"。有些同学认为这是一种放松，特别是考试完。其实，女生不论以什么理由，都不宜在别人家过夜，这是因为：

一是女生是一个相对弱势群体，在遇到暴力或突发事件时，处于劣势，而别人家的人素质不一，并不真正了解，有安全隐患；二是现在在学校女生受到侵害的事例屡有发生，在别人家更不用说会有什么事情可能发生了；三是传统观念的影响，女孩子在外面过夜，容易引起别人误解，议论纷纷，名声不太好；四是父母的担忧，除了学校之外，父母都不愿意自己的女儿离开自己的视线，怕孩子遇到危险，这是父母心疼自己，爱护自己。

因此，去同学家过夜是孩子反抗思想的一种表现，可能觉得家里管教太严了，没有给她足够的自由，所以想去同学家里。但要记住，这是不妥的。那么，女生应该怎么办呢？

第一，做事有始有终。无论学习还是活动，都要求有始有终，尽量提早回家，以免发生在外过夜的情况而让父母心焦、挂念。

第二，在外考试、学习要注意安全。当在外参加比赛等原因需要外宿时，自己要听从学校的安排，时刻注意安全和时间上的规定，以免回家过晚。

第三，打消去别人家的念头。无论以任何原因和借口，都不要去别人家留宿，哪怕对方是女同学，应把这作为自己的"戒律"铭记在心。

第四，体谅父母。对于青春期女生来说，没有哪个人比父母对自己更好了，让他们安心，既是自己安全的需要，也是孝敬他们的需要。

心香一瓣

> 可怜天下父母心。去同学家过夜，原因是父母怕你说谎，怕你过早地面对性的问题，更重要的是怕你遇到坏人，受到伤害……即使是到女同学家里过夜也不是绝对的可靠。总之，父母的终极目的只有一个：爱护你、担忧你，真的希望你好，这种好不含任何杂质，等你彻底长大后才能体会父母的这种良苦用心，绝对是正确的。

走出害人害己的嫉妒旋涡

适度的嫉妒可以激发自己的动力,形成你追我赶的局面。但嫉妒像一匹脱缰的野马,到了刹不住的时候,就会引起心灵的扭曲。

一般来说,嫉妒是人的一种负面心理,是因为不如别人或对别人拥有的事物怀有一种本应属于自己的心理而产生的一种怨愤的情绪或行为。不只是青少年,成人之间也会常常嫉妒,因为嫉妒而引发各种矛盾,甚至影响了自己的身体健康。

对很多青少年来说,他们脾气暴躁,做事冲动,控制自己行为的能力差,不像成人那样善于隐藏、控制,其嫉妒心理往往非常强烈而且奇怪,甚至做出了伤害别人的事情。

张芳聪明伶俐,在学校里成绩常常拿第一,深得老师和家长的喜爱。在她生活的环境中,各方的赞扬常常不绝于耳,令张芳的心里非常高兴。她做其他事就像学习一样,非常自信,总喜欢走在前面,总要和同学们比个高低,幸运的是,她也常常拿第一。

一次,她们班转来一个叫李静的女生,长得非常漂亮,学习也很优秀,张芳和李静成了一对非常好的朋友。后来,几次考试下来,李静的成绩渐渐取代了张芳,占据了第一名的位置。老师和同学更是对李静赞不绝口,相应地,对张芳的关注度有所降低。张芳心里感觉很不舒服,对李静表面欢迎,暗中嫉妒,和李静的关系开始疏远,甚至在背后说李静的坏话。

更让张芳受不了的是，李静后来的成绩更加优秀，坐稳了第一名的交椅。望着长长的分数距离，张芳感觉自己再也比不过李静了，心里更加失衡，妒火中烧，很长时间连续失眠，她终于想出了一个对付李静的办法。在一次考试吃饭前，她偷偷地把几包泻药放在李静将要吃的食物里。考试时，李静突然感觉头晕目眩，接下来什么都不知道了。

李静被送往医院，经过抢救，转危为安。经检验，李静系药物中毒所致，追根溯源，很快查到了张芳的头上。张芳未满十八岁，最终以投毒罪拘留十五天。最后，张芳终于认识到嫉妒害了自己，她向李静道了歉，好在李静及其家人原谅了她。

上例中的孩子本是一个优秀的孩子，但在嫉妒面前扭曲了心灵，给自己加大了思想负担，陷入了伤害别人的深渊。

青少年嫉妒心理的产生主要是因为孩子害怕别人在某方面超过自己，有了一种危机感，这种危机感使他们从潜意识里试图削弱对方的力量，甚至攻击对方。青春期的孩子更容易陷入嫉妒之中，这是因为：

一是处于人生重要阶段的他们非常敏感，身体迅速发育，并不断趋向成熟，积聚了大量的能量，容易产生冲动和兴奋；二是他们学习任务繁重，不得不面对激烈的学习竞争，心理压力很大，对自己和别人的成绩和条件非常敏感；三是社会中的各种诱惑和压力纷至沓来，如何适应和立足以后的社会等，这些问题弄得调控能力不如成人的他们时常处于矛盾的纠缠之中；四是自卑，青少年知识浅薄、气量狭小、虚荣心强，发现自己技不如人，在心理上表现为一种恐惧和担忧，往往不是想通过正当方法超过别人，而是希望看到对方退步；五是受父母的影响，青少年受父母竞争理念的影响，常将进退荣辱善于与其他同学进行比较，导致自己认为别人不应比自己强，否则，自己就会受到父母的惩罚。

总之，嫉妒作为一种负面情绪，毒害着孩子的心灵。嫉妒让孩子忍受内心的煎熬和痛苦而不能自拔，久而久之，使孩子形成自卑的性格。被嫉妒扭曲心灵的孩子往往采取不正当的手段去伤害别人,将自己置于更加不利的处境。而且,嫉妒者容易引起被嫉妒者和其他同伴的反感,破坏了和同学之间的关系,使自己处于更加孤立的境地。那么,青少年应该如何消除嫉妒呢?

首先,要正确认识自己的长处。平时,不要只盯别人的长处、自己的弱点,应认清自己的优点,扬长避短,才能不断超越自己,超越别人。

其次,树立自信。嫉妒往往是由于不自信引起的负面心理,当克服了不自信的心理之后,青少年就会树立起正确的竞争观,知道自己如何做才能赢得对手,而且还会变得豁达起来。

第三,树立正确的世界观。青少年要自觉破除自私自利的极端个人主义,加强自我修养,提高道德水平,为别人的优点佩服而鼓掌也是一种修养的体现。

第四,化嫉妒为动力。要冷静、理智地看待自己,接受自己的确在某些方面不如别人的事实,积极主动地调整自己的意识和动机,从而用自己的实际行动去迎头赶上。

心香一瓣

适当的嫉妒尚可,但过度的嫉妒对自己一无是处。过度嫉妒既损人,又不利己,甚至造成两败俱伤。嫉妒最大的敌人其实就是自己本身,千万不要因为嫉妒而花费心思,既浪费了时间,又失去了机会,代价之深,危险之大,怎么看都是划不来的事情。

报复是一种划不来的代价

莎士比亚说:"不要由于你的敌人而燃起一把怒火,就让心中的烈焰烧伤自己。"一些青少年渐渐有了力量,但由于心理不成熟,常常容易意气用事,做出一些危险的事情来。

刘小然是一名七年级的女生,今年12岁,学习一般。她性格令人捉摸不定,有时与班上同学发生矛盾后,便怀恨在心,常在别的同学那里说别人的坏话。同学们大都知道了她这个缺点,于是不再喜欢她。有时,她需要同学帮忙时,便以钱为报酬,弄得同学很不好意思,感觉友谊变了味,好像为了钱似的。但她却经常说:"我家有的是钱。"

但如果哪个同学"伤害"了她,她就开始报复,比如往同学杯子里加脏水,看见同学喝下去时,还躲在一边偷偷笑;如果同学对她关心的时候,她就给人以慷慨和殷勤的回报,如别人没带钱时,她立刻掏出交上,并为对方买这买那,弄得同学不好意思接受,于是不敢接近她。

现在,班上所有的女同学都不理她,认为她是一个怪人。她感觉很苦恼,认为世态炎凉,必须予以"报复"。

报复心理是一种不健康的心理状态,有报复心理的青少年容易误解别人的意思,对别人经常有戒备防范心理。任其发展的话,心胸会越来越狭窄,与人相处困难,内心痛苦。案例中刘小然的行为具有明显的报复心理,这种心理具有一定的危害性,这是一种以攻击方式对那些曾经给自己带来不愉快的人发泄怨恨以及不满的情绪。在现在的学生中,公开的报复行为已经不多见，但是潜在的报复心理却不少，这种心理的存在是很不利于青少年健康成长的，一旦发现，应该及时予以疏导，使其回归正常。

仇恨我们的敌人通常会使我们筋疲力尽，感到既疲倦又紧张不安，甚至恨得牙齿痒痒……有人说："君子报仇，十年不晚"，可我们的人生有几个十年呢？这十年当中，我们会错过多少人生美好的事物。

在生活中，人如果受到了别人的伤害，就想以牙还牙，给别人以教训，以"还自己的心理平衡"，这就是报复。报复是人的一种最常见的不良心理，往往具有很大的弊端，这是因为：

一是报复别人的同时，也折磨了自己，使我们的心理始终处于一种自我折磨的状态之中，甚者情绪失控、热血上涌，容易诱发一些疾病；二是丧失了前进的动力，青少年如果每天都生活在报复的阴影之中，想到伤心处，会劳心伤神，影响自己的身心健康；三是机会成本，青少年为了自己的私人报复而放弃了自己一辈子的事业，失去了自己本应得到的各种人生机会；四是让自己错上加错，报复会使人失去理智，陷入疯狂，会从无错到有错。

总之，报复使我们如此内耗，报复别人的代价远远超过了事件本身。对一个具有高情商的人而言，他一定会知道什么东西对自己更有意义、更有价值。报复虽解恨，但为自己增添了新的仇恨，冤冤相报，何时了？有些人远不如灰熊聪明。

在美洲的一个原始森林里，生活着一种灰熊，当它被猎人布下的力紧齿锐的夹子夹住了爪子后，会用利齿啃断自己的爪子。之后，便悄悄躲起来，用舌头舔自己的伤。

有一种解释：说熊是在伺机报复。它在等待猎人出现，而后去攻击他，报失爪之仇。

而当地的猎人说，熊根本没有报复的念头，受伤后的熊只会躲在隐蔽的地方，慢慢疗伤。动物的生存本能让灰熊选择了顽强和坚持，它们远没有人类那样复杂的情感。也恰恰因为此，反而使灰熊心无杂念，生命力得以激发，帮其战胜困境。

对于人来说，如果一个人心里怀有报复，自身受到的伤害比要被报复的人还大。那么，青少年应该如何对待报复呢？

首先，学会大度。青少年要正确看待一些矛盾，生活在学校里，同学之间发生一些矛盾是必然的，大多时候，不是故意而为之。有时，一些事情会不自觉地伤害到我们身上，同学们在学习中经常发生合作和交流的事情，其中的矛盾和碰撞是不可避免的，这时，我们应该把它看作是一件必然的事情。

其次，不忘目标。人活着的意义是为了实现自己的人生理想和目标，青少年要以此为动力，用实力证明他的眼光是错的，要让自己更好，让对不起自己的人感到后悔。不过于计较，这样就不会成为报复的囚徒。

心香一瓣

报复别人，等于增加自己的仇恨，于人于己都无好处可言。生活中的人多少是因为报复，而使双方反目成仇，甚至是家破人亡。报复的恶果往往是报复了别人，毁灭了自己。

正视自己的短处

青春期孩子敏感多变，开始更多地关注自己。他们非常在意自己的言语和形象，怕出现不得体的地方让别人取笑。性格内向的孩子比较自卑，感觉克服起来比较困难，身体具有缺陷的青春期孩子更是自责自己。

有这样一位青年，他在20岁那年，骑摩托车出了事故，腰部以下全部瘫痪了。换作别人，可能认为自己此生完了，而这位青年却不这样认为，他说："我不认为瘫痪是一种苦难，尽管开始一度失落过，但很快被我扭转过来了。生活中所有的事必须重新学习，从最简单的衣食住行，到从事自己的事业。这些都需要专注，需要集中精力和付出无限的耐心。"

开始，他不过是一个浑浑噩噩的石油工人，成天无所事事，没有什么具体的人生目标。出了车祸或许成了他人生的一个转折。他经历的乐趣更多，去大学念书，并拿到语言学学位，还做了别人的税务顾问，同时，他还有着自己的爱好，是射箭和钓鱼的高手。从此，身体的残疾一点不觉得痛苦，学习和工作成了他最感兴趣的事情。

其实，生命中收获最多的时候往往是最痛苦的时候，痛苦意味着上帝为你关闭了一扇门。但因为不幸让人必须重新反省，却发现上帝为你打开了另一扇门，为你带来了更明确、更清晰的方向。

谁也不能掌握生命的完美，这是任何人都不能办到的事情。孩子都像上帝咬过一口的苹果，都有自己或大或小的缺陷，何必过度在乎自己的不完美，而耽误了前方的良辰美景？现在，很多孩子难以正视自己的缺陷，正是以下原因阻碍着他们前进的脚步：

一是，心理作怪。自己有缺陷，就认为会被别人看不起，然后自己就难受；二是，自尊过于强烈。由于身体或其他不良原因，孩子的自尊心格外强烈，哪怕听到不利于自己的只言片语，心理也会严重不舒服，其实，孩子不知道这是自己刺伤了自己；三是，过于在乎自己的缺陷。有的孩子老是将目光盯在自己的缺陷上，就像背着包袱，不思进取、抱怨不断，而不去追求自己的目标；四是，孩子缺乏成功的体验。孩子如果在学校中从没有上过前20名，他会以自己的失败而羞愧，往往由于自己的缺陷而停止不前；五是，父母不正确的教育态度。有的父母教育有缺陷的孩子缺乏信心，将其看成负担，缺乏耐心，致使孩子沉陷于失败的痛苦中，时间一长，孩子就会丧失进取的勇气；六是，同伴的捉弄。有缺陷的孩子的心理本来就脆弱、敏感，如果再经受调皮孩子的捉弄，而使孩子的心里雪上加霜，不敢和同伴们进行交往。

鉴于此点，青少年应该怎么办？下面的方法值得一试：

首先，要正视自己的缺陷。青少年所能做的就是积淀自己的经验，浓缩自己的精华，在以后的人生牌局中汇集力量，把握机遇，赢得成功。对他们来说，缺陷没有什么大不了的，因为人人都在奋斗的人生路上，哪里还顾得上别人？当你成功过来之后，心想事情远没有当初想象得糟糕，这就是生命的成熟。

其次，多看到自己的长处。在了解和反省自己的基础上，青少年要在生活中看到自己的长处，做事沉着、有力，有的放矢。即使是残疾的青少年，也要增强自信，身残志坚，照样有所作为。

第三，多寻求父母的支持。家庭是温暖的港湾，自己在外受了嘲笑，或感到疑惑，可以找父母沟通，这样既增强了亲子关系，又解决了自身的问题，重建做事的自信心。

第四，要多参加活动。青少年多参加活动，有助于开阔自己的视野，丰富自己的生活，学会交往，增强参与意识，从而使自己从缺陷中脱离出来。

第五，树立正确的价值观。要时刻告诫自己，有缺陷不可怕，可怕的是不能正视自己的缺陷，自己否定自己。所以，要学会自我肯定。

事情没有想象的那么坏，何必敏感？

一般来讲，青少年心理敏感不是坏事，常常意味着仔细和明察秋毫。但是，过于敏感的人活得比较累，他们不容易相信别人，凡事过于计较，显得非常小家子气，常常误解他人，容易给自己和别人惹上麻烦。

我今年13岁，是初中二年级的学生。由于妈妈早早地离开了我们，我对妈妈这个词格外敏感，自我保护的意识非常强烈，对其他一些问题也非常敏感。对别人交待的事情，总怀疑对方的动机。因此，我很少和同学们打得火热，或许这是单亲家庭孩子的一种特征吧。

现在，我对自己的前途总有一种紧迫感，未来怎么办？我能不能在社会上赢得自己的一席之地。总之，我心里充满了犹豫。

由于妈妈的早逝，例中的中学生承担着很大的生活压力和精神压力，因此，对人和事比较敏感。其实，这是青少年的心理正常防御的一种反应，实属一种正常的心理现象和行为表现，而不必过分地怀疑和否定自己。

在生活中，每个人的境遇都不一样，那些受过伤害或承担过心理压力的孩子就会比一般的孩子敏感。敏感意味着不自信，一般与家庭条件、长相、学习成绩和职业等有关。心理敏感的孩子即使遇到一点点冷落，也能在瞬间察觉到。孩子如果和比较优秀的孩子在一起，即使没有交流也感觉自己备受冷落，心里产生一些受挫感，孩子的这种情绪得不到排解，于是越来越沉默，甚至离群索居。

总之，敏感是孩子看不见、摸不着但可以感觉到的敌人，使自己心理慌张、不稳定。那么青少年敏感的原因是什么呢？

一是，家庭对孩子的影响。家庭是孩子成长的摇篮，它可以影响到孩子的性格，导致孩子敏感。比如，家庭暴力、单亲家庭等。这种原因常常让孩子有较大的受挫感，甚至将这种原因归咎于自己，于是产生自责情绪。其实家庭的环境与孩子没有关系，孩子不必自责，只是感觉自己的家境与别的孩子不一样，心里怕别人嘲笑，就会对别人的态度放大化。

二是，孩子的消极认知在作怪。对一些事情，或许远没有想象的那么坏，这就是消极认知在作怪。这是因为，孩子对一些事情看得非常消极，有些事情想象得过于完美，持有很多不正确的观念，比如："所有的人都必须尊重我"、"你一定要帮助我"等。

三是，回到正常的状态比较难。孩子的心理一旦敏感起来，还带有一定偏执性，很难回归到正常的状态。

尽管如此，敏感的青少年还是具有很多优点的，他们体贴人，富有同情心……由于心理敏感，感觉比别人多，情感较为丰富，但需要关心和爱护。敏感的青少年特别需要做到以下几点：

首先，要试着接纳别人。既然知道自己的心理敏感，就应学会慢慢放下这种不健康的情感，在生活中，要学着接纳同学的行为，心胸宽阔，学着融入同学们的圈子，记着自己是和他们一样的同龄人。自己即使是假装这样做时，事情的情况也往往向着积极的状态发展。

其次，和别人要少开玩笑。其实，青少年的敏感大多来自于同学之间的一句玩笑，过于敏感的青少年常常把一句玩笑话当成真事，于是，辩解、争吵甚至打闹，而任凭同学解释也无济于事。同时，青少年要严格要求自己，适当约束自己的行为，不要和别的同学滥开玩笑。否则，当同学和自己开类似玩笑时，容易发火。

第三，学会保护自己。周围人可能常常逗弄敏感的青少年，自己则不要过于较真而中了对方的圈套。对于别人的玩笑，可以沉默，也可以一笑了之，千万不要动气，否则，伤害的是自己的心灵。在生活中，如果碍于面子，应找个理由走开，不必和别人一般见识，斤斤计较。

正确看待早恋

早恋是一个比较常见的问题，也是一个敏感的话题，它对青少年造成的伤害很大，影响学业，耽误前程，甚至是种下苦果。正如一位作家所说：早恋是一朵带刺的玫瑰，少男少女们常常被它的芬芳所吸引，然而，一旦情不自禁地触摸，又常常被无情地刺伤。

我是北京市某高中三年级的一个中等生，团结同学，遵守纪律，同学有困难都能积极帮助，是大家眼里公认的好孩子。自从进入高三以来，我爸妈的要求标准提高了，常为学习成绩着急。其实，我很想提高自己的学习成绩，想向老师和同学多学习，但他们似乎都很忙，很少在意我的想法。于是，我心里非常苦闷，同学李某也是和我处于同样状况的中等生，在烦闷的学习之余，我们之间的聊天增多了，关系越来越近，甚至看起来亲密，这让老师看在眼里，急在心里。

一天，老师把我们叫到办公室，没有一般老师的劈头盖脸，也没有讽刺挖苦，而是说，"班上的学生太多了，像你们这样的中等生我很少问津，请你们原谅。"我们听了，睁大了眼睛，心里感觉很惭愧，好像有一股暖流而过。接下来，我们师生三人围绕学习，侃侃而谈，甚至大有相见恨晚之意。最后，老师和我们达成一个"协议"，给我们的学习专门布置了任务。以后，我们俩严格遵守，循序渐进，学习慢慢有了起色，最后成了优等生。

早恋是青春期的少男少女所产生的过早恋爱的现象，一般发生于20岁之前。在大多数情况下，不论是老师还是家长，都视早恋为洪水猛兽，对此深恶痛绝。

其实，对处于生理发育期的青少年来说，对异性产生好感是正常的，相反，如果对异性没有好感那可真的不正常，甚至需要看心理医生了。最为重要的是，不要"实践"早恋。这是因为：

一是早恋的副产品是前途无望，有的青少年由于早恋，过于兴奋、痴迷，沉醉于爱的幻想之中，再也无法全身心地投入学习，常使自己的理想化为泡影；二是早恋容易结下苦果，有的青少年感情冲动，过早地发生性关系，为自己的人生种下了苦果；三是自己将成为众矢之的，有的青少年由于受到老师和同学的冷眼讥笑，甚至轻生；四是早恋是一种不理性的恋爱，由于年龄局限、涉世不深，缺乏必要的思考能力，而更多的是跟着感觉走，如果把握不住自己，便会走进情感误区，甚至走上危险之路。

青少年不要进行早恋，但不是不与异性相处。其实，青少年和异性交往对学业与身心健康有着重要的作用，是一种值得提倡的交友行为。但是，在异性的交往中，你除了要有一颗平常心，还要有很强的自制能力，否则，有可能陷入早恋的误区。异性交往的最重要法则就是互相尊重，不要越雷池一步。在生活和学习中，青少年万一早恋了，怎么办呢？

首先，要正确地认识到早恋。早恋是过早地恋爱，像成人那样接吻、抚摸、过于思念等亲昵的行为。而与异性的正常交往不是早恋，比如，一起学习、相互帮助，等等。

其次，将好感藏在心底。一般来说，青少年往往会暗恋优秀的学生和老师，要用理智来战胜这不成熟的感觉。青少年要把眼光放得远一些，要用理智战胜自己的感情。

第三，不读成人小说。青少年的主要精力是学习，不看不适宜的报纸杂志、影视节目，不妨多看一些伟人的传记，培养自己的意志力，树立远大的奋斗目标。

第四，与异性正常交往。青少年之间要正常交往，不要过分敏感和过分拘谨，不要以为异性对你好一点就是爱上了，不要动不动就向人家表达爱，也不要过于随便，嬉笑打闹、你推我拉之类的举止应力求避免。

通过参加有意义的集体活动，可以陶冶自己的情操，并能获得同学们的帮助和友谊。

第七，自尊自爱。男女同学交往时要注意自尊自爱，言谈举止要做到文雅庄重，切不可勾肩搭背，接吻拥抱……诸如此类的过分亲昵；不仅显得你轻佻，会引起对方的反感，而且还容易造成不必要的误会。

第八，不和异性单独相处。男女同学交往的方式也要适合当前的社会心理，尽量避免男女之间单独幽会，因为过多的单独幽会容易诱发性爱心理，还会引起别人的误会。

心香一瓣

> 对异性产生好感是再正常不过的事情，这只是一种特别的好奇心，在人体荷尔蒙的影响下，甚至有些想入非非，但心理上很快理智起来。正常的学生有了这种心理之后，会转变为一种学习的动力，为自己以后的人生打好基础，而不是继续无知的浪漫。学校在无意识地促成学生早恋，没完没了的作业和考试，来自父母和社会的压力等，反而叛逆心理发作。老师和家长如果正确疏导"早恋"，"早恋"将很快"灰飞烟灭"。

学会拒绝同学不合理的要求

学生在与人交往过程中，由于怕失去同学之间的友谊而一味地迁就同学，因而影响了自己的学习生活。所以，学会拒绝他人的无理要求是人际交往的一种重要技巧。

文武全刚大学毕业时，由于离上班的地方遥远，为了方便上班，便贷款买了一辆属于自己的汽车。一次，和大学同学王某聚会，王某看到了文武全买的漂亮新车，便央求开一次。文武全知道自己的这位室友没有拿到驾照，但经不住他的反复请求，终于把车钥匙给了他，并嘱咐："你路上一定要小心，在空地上开。"王某笑嘻嘻地接过车钥匙说："没问题"，于是就高高兴兴地开车上路了。

王某刚把车开到路上，便忘乎所以起来，径直驶往闹市区。本来就属"无证驾驶"，加上街上人多车多，一不小心，便撞上了一个人。被撞的人伤势严重，虽经过精心治疗，保住了生命，但下半身却永远失去了知觉。可等待文武全的是巨额的赔偿费用。

最后，法院对这场交通事故进行宣判：除去医疗费之外，肇事者还必须赔偿伤者60万元的生活费用。由于文的室友经济能力有限，不能赔偿那么多，法庭令肇事车的车主文武全对交通事故担责。因为明知道朋友没有驾驶执照的情况下还把车借给他使用，这是违法的。于是，汽车被拍卖，这时的文武全才后悔当初为什么没有拒绝朋友的要求。

生活中，像以上案例的事情不少。这些人认为朋友之间就应该讲义气，就应该相互帮助，有时候明知道朋友提出的一些请求很不合理，但为了朋友面子问题，也会不顾原则地答应。其实，这是一种错误的想法。作为青少年不仅要学会怎样帮助别人，同时也要学会如何去拒绝别人提出的不合理要求。

在生活中，由于缺少人际交往经验和人生阅历不足，一些青少年认为朋友之间的帮助，是江湖义气，是有求必应，有时为了不影响双方的感情，迎合朋友的意思，他们往往做一些违背自己原则的事，结果却做出了能让一辈子无法弥补的事情。

拒绝别人不合理的要求是青少年在成长的过程中的一种必需，如果是碍于面子，可以学会恰当地拒绝，这不仅是自我保护必须迈出的第一步，而且也是采取更恰当方式与人交流需要掌握的一种处世技巧。

对于缺乏社会经验的青少年来说，拒绝别人的不合理要求常常是一件很困难的事。但要想到所容易引起的不良后果，该拒绝时要坚决予以拒绝，以免别人犯了错误，给自己带来不必要的伤害，又会彻底失去了友情。这是因为：

一是不会拒绝的人容易被别人左右，一个不会拒绝别人的青少年等于为自己添上了枷锁，很容易被他人牵着鼻子走，有时会给自己带来不必要的麻烦；二是敢于说"不"反而令人肃然起敬，青少年在做事中干脆地表明自己的否定态度，会使人立刻对你刮目相看。事实上，与那种遮遮掩掩、隐瞒自己真实感受和想法的态度相比，人们更尊重那种毫不含糊的回绝。同时，青少年也会从这种爽直的回答中，感到自信又回到自己的心中；三是鱼和熊掌不可兼得，不会拒绝，就没有一个明确的目标，没有自己的人生；四是容易把别人惯坏，学会拒绝别人，给了别人一份责任。

总之，在成长的过程中，自己一定要学会恰当地拒绝，这不仅是自我保护必须迈出的第一步，也是采取更恰当方式与人交流所需要掌握的一种处世技巧。一个懂得拒绝别人不合理要求的人才能得到别人的尊重和认可，才能建立良好的人际关系。

第一，不要打肿脸充胖子，即便是帮助别人，也要在自己的能力范围之内。

第二，要认真地听取诉求，在决定拒绝之前，注意听取对方的诉求，比较好的方法是，请对方把处境与需要讲得更清楚一些，自己才能知道如何帮他。"倾听"能让对方有被尊重的感觉，在你委婉地表明自己拒绝的立场时，较能避免伤害对方的感情，或避免他人认为你在应付。

第三，拒绝的话不要脱口而出，每一个人都有自尊心，都希望得到别人的重视，同时也不希望做自己不喜欢做的事。这就要求自己既要拒绝对方的不合理要求，又要讲究拒绝的技巧。

第四，学会委婉的拒绝，拒绝，不仅要晓之以理，委婉地陈述原因，还要诉之以情，特别是诉之以诚。只有这样，才能使对方将心比心，即使自己的需求未得到满足也不会动怒。

第五，替他人找一个合理的借口，怎样说才能既不伤害对方，又不使自己为难，不是每个人都能做到的。拒绝他人，最困难的就是在不便说出真实的原因时又找不到可信而合理的借口。

心香一瓣

> 学会拒绝是一种自卫，也是一种沉稳的表现自尊。学会拒绝也是一种意志和信心的体现，学会拒绝是一种豁达、一种明智。学会拒绝，才能活得真真实实、明明白白。你就会活出一个真正的自己。

遭受其他同学欺负怎么办

一般来说，小学和幼儿园的孩子被人欺负是由于孩子之间不懂事，这是可以理解的。若青少年被自己的同学欺负则是一个问题，由于自尊较强，可能会受到严重的心理创伤。

郭某是一个18岁的女孩子，在某中学上高中二年级。作为一名高中生，她的学习较好，性格内向一些，是父母、老师、同学眼中的好孩子。但后来发生的一件事彻底改变了她。由于是住校生，在一个特别闷热的下午，在女厕所冲澡时，刚进去没有感觉出什么，后来就听到楼下有很多人讲话，于是趴在窗口往下看，正好迎着几个往楼上看的目光，只听到他们大声地说："郭某不正经，不拉窗帘就洗澡，想勾引男同学，真不要脸！"面对如此不堪入耳的话，郭某当时害怕极了，赶紧穿上了衣服，跑回了寝室，久久不能平静。她越想越害怕，自己洗澡被他们看见了，这可怎么办？一会儿，同寝室的女孩都来了，都用一种怪怪的眼神看着她。她很不高兴，认为她们和议论她的那些人一样，于是向她们解释，她们却说根本不知道别人议论什么。后来，她就认为别人不听她的解释，于是就开始哭，不吃饭，也没有上晚自习。此后，她不论走到哪里，总觉得别人在议论她。

对同学们来说，认为她变了，她却认为同学们在讨厌她，说她不要脸之类。于是，她再也支撑不住，成绩直线下降，直到父母让她休学回家。后来，她觉得自己很痛苦，活着没有意义，一天到晚地折腾自己……

在学校里，总有个把学生遭受其他同学的欺负，而且被欺负的孩子还不敢还手，也不吭声，就这样，总有几个调皮的同学变本加厉地欺负。通常，同学和父母让其反抗，但表现出的更多的是害怕和软弱。

其实，谁也不愿意被别人打，谁都想赢得别人的尊重。久而久之，被打的青少年的心理是比较痛苦的。这可能造成学习成绩急剧下降，并开始暴饮暴食以发泄自己的苦闷与烦恼。那些目睹同学遭受欺负而无人过问的小孩，也会从此变得胆战心惊，害怕有一天这种遭遇也会落到自己头上。那么，有些孩子为什么总会被人欺负呢？这是因为：

一是这类青少年的性格比较内向，从小就被同学欺负，时间长了，被同学欺负习惯了，习惯了逆来顺受；二是他们被人批评太多了，引起心理的极度自卑，而自己只能默默承受，毫无解决办法；三是在生活和学习中，遇到了很大的挫折，精神一蹶不振，受到外界的欺负也不起"波澜"。

总之，受人欺负可能对青少年产生严重的心理影响：他们常常会变得抑郁、沮丧，认为自己毫无用处，甚至会发生自卑或自残的行为。那么，自己如何改变被人欺负呢？

首先，培养自己的自信心。青少年被人欺负往往自己内心不自信，让别人认为其软弱，而感觉有机可乘。要增强自己的信心，树立"我一定要自强"，"我一定要成功"的信念。

其次，将自己融入集体之中。青少年之所以被人欺负，在很大程度上，自己往往独来独往，既没有朋友解围，也没有人为自己壮胆，失去了反抗的信心。

第三，树立正确的善恶观。青少年要明白，打人者是不对的，自己反抗也是正义的，重要的是不怕，在必要的时候，寻求老师和同学们的帮助，往往会获得支持。

第四，采取出其不意的行动。突然而果敢的行动可以增强信心，要学会如何疾言厉色地呵斥想欺负他们的人，而不是低着头或怯生生地含糊其辞。

第五，寻求老师的支持。很多青少年都不愿"打小报告"，他们即使遭人欺负也不愿向学校和老师告发。但记住，自己完全有权利要求校方对此采取强硬、有效的措施。最好将情况直接反映给校长或老师，让老师注意观察对方的恶行，如证据确凿，对方则难以抵赖。

心香一瓣

> 青少年要想不被欺负要注意以下两个方面：一方面，尝试改变自己的形象，平时不要喜形于色，厚重一些，在一些场合要少说话，挺直腰板，坐姿端正，给人以精干的形象，没有人敢欺负你；另一方面，如果别人仍旧欺负你，你就要准备打一架，你要事先分析一下，对方有什么后台，然后找一件事情，在占理的情况下，把对方拼命挤兑一下，这样他以后再也不会欺负你了。

第五章 铲除社会招致的危险

  孩子在逐渐长大的过程中,受社会的影响越来越大,一些不良的社会影响足以摧毁孩子。但人不接触社会是不可能的,关键在于,孩子要学会分析、判断和处理社会大环境潜在的危害。

远离社会诱惑

对青春期孩子来说,诱惑是什么?诱惑是一杯飘香四溢的美酒,但喝下去肚子就容易"翻江倒海",如果不把你折腾个半死,绝不罢休;诱惑是非常美丽、梦幻,但随时都可能破裂的泡沫;诱惑是远方的空中楼阁;是你放弃正确方向的没有归途的"泰坦尼克"。

目前,我国的社会处于一个快速发展的转型期,社会中既有真善美,也有假恶丑。社会中各种光怪陆离的现象在刺激和影响着青春期的孩子。青春期作为一个敏感而又易挫的季节,如何保证自己不受伤害?如何让自己顺利地成长?是摆在每个青春期孩子面前的问题。

有人认为,把孩子锁在家里不就安全了吗?其实不然,我们所处的社会既需要青少年去努力适应,又需要他们在适应的过程中小心自身的安全。这是因为:

一是青春期孩子容易受到物质诱惑,青春期孩子处于掌握知识的重要阶段,受父母供养,没有经济来源,容易受到别人的物质诱惑;二是因为青春期孩子容易受到性诱惑,青春期孩子性器官基本发育成熟,加之荷尔蒙分泌旺盛,容易受到外界的性诱惑;三是青春期孩子容易受到"责任"诱惑,青春期孩子比较纯真,一时意识不到社会存在的各种陷阱,容易听信他人而上当受骗;四是犯罪分子花样繁多,即使成年人也不一定能逃脱,所以青春期孩子就更要注意。

总之,这个世界复杂得让人无法想象,各种各样的诱惑层出不穷,我们每一个人都有可能随时"上钩"。另一方面，人的欲望没有止境，总追求锦上添花、如虎添翼、好上加好。但常在不自觉间，我们就进入了一个个被精心设计好的圈套，而浑然不知。那么，作为一个青少年，要远离诱惑，得以健康地成长，应该如何做呢？

第一，知足常乐，不贪婪。青少年在未参加工作之前，主要生活在自己的家庭，在父母提供的经济环境内生活，不必过于羡慕别人的好处，也不要逼迫父母要必须为自己怎么样，清心少欲，将自己的精力用在学习上，以实现自己的追求。

第二，不去想虚无缥缈的事物。诱惑在实施的过程中，总会有一些有利于你的"征兆"光临于你，一旦你中招，将会遭受更大的损失，因此，要多考虑事情的逻辑，特别对"天上掉下馅饼"的事情要提高警惕，以防自己上当。

第三，练就自己的毅力。很多美好的东西对于青少年来说，不到享用的时候就不得享受，否则，美好的事物将变为苦酒，让自己无法承受。扬起毅力的风帆，唱着毅力之歌，行驶在生命的河中。为了崇高的理想，要勇于拒绝诱惑带来的短暂安逸，用毅力指引方向。因此，即使再美的汤，再香的味道，为了成功，为了前进，我也不喝。

第四，与世无争，与人无求。无论是在学习，还是在生活中，都不要刻意与别人竞争，在你的"坦然"中，逐步进步。因为"与世无争，与人无求"，才是最好的竞争，才是最大的要求。

心香一瓣

如今，金钱对青少年的诱惑很大，他们从父母那里把钱拿来，大手大脚地花，女友面前更是如此。终于有一天，他们捉襟见肘，便想到了偷和抢。此外，青少年最在意的就是异性，即所谓的帅哥和美女了。

出行要注意安全

青春期孩子身体成长迅速，甚至接近顶峰，因为他们精力旺盛，有一股"初生牛犊不怕虎"的劲头，想获得有"以身尝试社会"的体验。但他们由于经验不足，往往意识不到前方的危害，常常迷失了自己，而使自己处于危险的境地。

随着经济的不断发展，人民的生活水平不断提高，人们外出的频率越来越高，相应地，外出的事故也越来越高。对于青春期孩子来说，随着年龄的不断增长，外出的频率越来越多，听课、聚会、接受辅导和培训等。特别对于青春期女孩来说，天生体质处于劣势，容易出现各种各样的事情。

其实，男孩子也是一样，也容易出现各种各样的危险。总之，青春期孩子经常生活的环境就是一个相对安全的环境，一旦离开，就进入了相对比较危险的地方。这是因为：

一是青春期男女处于人生最美的时刻，意气风发，朝气蓬勃，热情洋溢，渴望放开眼界，渴望交际，同时，他们对社会估计不足，容易堕入陷阱而发生各种危险；二是环境的特殊性，使他们置身于外界的环境中，父母长期在外打工，自己则留守在家，这部分青春期孩子相对来说，所处环境恶劣，较容易受诱惑；三是社会环境的影响，在这个世界中，并不是所有的人都光明磊落，总有一些心理龌龊的人为了自己的私利，打青春期孩子的主意。

因此，青春期孩子外出要充分做好心理准备，将一些隐患消灭在无形之中。那么，青春期孩子应该如何做呢？

首先，外出前要做好准备。青春期孩子外出前要想好路线，将在路线上可能发生的不测因素考虑在内，以做到有的放矢，并把自己的去向告诉父母。同时，要把返家的时间考虑好，因此最禁忌的就是，不和父母打招呼，一个人独断专行。

其次，外出最好结伴而行。一般外出，尽量多找几个朋友，即使是一个人，也要趁白天走，并挑路宽的路走，不走荒无人烟的地方，如果发现不怀好意的人跟踪，可进入附近的单位和人家，让他们送自己一程。

第三，不接受陌生人的邀请、钱财或赠送礼物。不要接受陌生人一起看电影、下舞厅和约会等请求，也不要贪图小便宜，而使自己被动，让坏人有机可乘。

第四，对别人的奉承要保持警惕。不陶醉于别人对自己的赞扬、奉承和讨好，特别是对那些说你"风度超群"，"模样非凡"的肉麻的吹捧话的人，要特别的提高警惕。

第五，不要单身搭乘陌生人驾驶的车辆。不去和不认识的人旅游、拍照，不托不认识的人代买物品和办事、看管衣物等。

第六，外出旅游要注意的事情。无论在本地或是在外地旅游，都要了解社会治安状况和犯罪环境、特点、规律，在任何情况下都不能疏忽大意，丧失警惕性，出发前最好和父母商量，让父母掌握自己的行踪。

第七，小心敏感区域。途经火车站、公交枢纽、各旅游景点和繁华商业区的公共汽车是扒窃活动的重点。青少年特别是外出旅游、购物时，一定要提高防范意识，看管好钱物；将有效证件和银行卡分开放置；不要在站台清点财物，打完手机后要放在随身的包内。

第八，交通密集处或铁路附近的学生，一定要注意出行安全，请勿乱穿马路和铁路，以避免发生悲剧。

第九，在外面住宿要注意。首先应找到除电梯以外的紧急出口处，以备万一。有事先没约好的人敲门时，要跟服务台确认一下，随便开门是危险的；住宿时不要将钱包放在桌上或枕头下，如有大量现金或贵重物品，要存放到饭店的保险柜去。住宾馆时，不要让人一眼看出不是本地人，否则就容易被坏人盯上。

心香一瓣

近年来，全国每年发生涉及青少年的交通事故多达1.2万起，这些事故的背后，多为青少年交通违法引发，而其交通违法行为多为驾驶电动车、助力车或者自行车以及行走不遵守交通法规所致。这些都是较为典型的青少年交通肇事案件，而平常一些小碰撞、小剐蹭的事故则不计其数。交通事故的发生，不仅对青少年本身以及他人造成严重的身心伤害，同时也给社会和家庭带来了沉痛打击。

摆脱社会青年的骚扰

青春期孩子渐渐接近于成人,处于人生最好的时候,有板有形,亭亭玉立,是人生中最帅气和漂亮的阶段之一,也是人人羡慕的年龄段。这时,他们容易被一些坏人盯上,这时的他们常常备受骚扰,苦不堪言。所以,学会拒绝坏人,不给犯罪分子非分之想,是青春期孩子要掌握的人生课堂。

在某中学,几乎每周都有社会青年骚扰学生的事件,其中有不少学生遭受过侵害,有的学生被抢(偷)过钱或物,有的学生被敲诈过。一位学生这样说:"下晚自习后,根本就不敢外出。"该校的一位主任由于多次阻止类似事件,因此受到过多次威胁,他家的玻璃窗也被打破过几次。今年3月中旬,两名社会青年跳入学校围墙,准备行窃,被老师发现后,才被赶出校门。一个女同学常被校外的混混骚扰,一定要她做他的女朋友,不然就要叫人打她同学周围的朋友。这位女同学很想摆脱那个游手好闲的社会青年,为此感觉很苦恼。由于学校治安环境不好,一些家长纷纷将孩子转校,3年来,该校学生流失达几百人。

时下,经常听说有一些中学生被社会青年骚扰,有的孩子被恐吓;有的孩子被拉下了水;有的孩子被打骂;甚至有的孩子被强奸。这些行为不仅严重影响了孩子的学习,还影响了身心健康。为什么会发生这样的事情呢?这是因为:

一是青春期孩子身心并未完全成熟,思想较幼稚,不敢得罪人,这反而被一些坏人所利用；二是青春期孩子处于劣势，毕竟敌不过发育到顶峰的成年人，青春期孩子虽然有了成人的雏形，但在体力等方面还处于劣势，比起一些"训练有素"的成年人来说，还是处于被欺负的地位；三是社会总存在不和谐之处，我们生活的这个世界，不仅有热情洋溢的好人，同时也有心理阴暗的坏人。

总之，社会青年容易冲动，都有这样或那样的缺点，甚至有很多是不务正业的混子，青少年对他们要提高警惕。面对社会青年的不断骚扰，青少年应该如何做呢？

首先，加强自身的免疫力。青春期到了，女孩和男孩都有朦胧的情感。那只是好感，不是爱。

其次，少用QQ。QQ虽是一个重要的工具，对未成年人来说，其有潜在的危险。现在的女生比较大胆，也比男生发育早，性发育和求知欲比男生要提前一些。

最后，多交真正的朋友。对于那些志同道合的同班同学，要在学习中相互交流，相互沟通，共同进步。同学之间的友情大多是真正的友情。

心香一瓣

> 现在，社会青年是指社会上的一些不良的青年和闲散人员，甚至对有黑社会背景的轻蔑的称呼。老师训斥学生的时候一般将社会青年和学生对立。社会青年不像处于学业中的青少年那样单纯，他们一般缺少管束，经常做一些打架斗殴的事情，欺负中小学生也是常有的事。青少年应远离那些社会青年，将精力投入到努力学习中去。

不随便搭便车

现在，汽车走进了寻常百姓家的生活，大大方便了人们出行，但由此引发的犯罪也比比皆是。对于青春期孩子来说，不要随便搭同学父母等周围人的便车，陌生人的便车更不要搭，因为搭便车而被抢去钱财或遭到凌辱之类的案件时有发生。

刘芙蓉是一个小学六年级的小学生，由于爸爸妈妈都在外地工作，自己一直跟着外婆生活。由于学校离外婆家很近，所以她一直自己走路上学、放学。

一次早上，刘芙蓉就像往常一样从家里出发，当时因为比较早，路上行人也不多。她刚走到福州华林路华林御景小区门口，有一个不认识的老太太跟上来，先是问她读几年级，又问她书包重不重，就这样一路和孩子搭讪着。她其实不想和这个陌生的老太太搭话，于是快走，老太太也快走，她慢走，老太太也慢走。走着走着，一会儿就来到了一辆面包车前，就说："闺女，你坐我的车走吧！"说着，就把刘芙蓉往车上拉。她挣扎着，逃开了。

之后，经过了事后分析，一致认为老太太不会是一个人，还肯定有一个开车的同伙，而且车子就停在前面等她们，等她们走到车子旁，老太太就开始拽着孩子想拉到车里，看起来很像是有预谋的拐骗孩子，利用年纪大的老太太不容易让人起疑心来行骗，实在是太阴险了。

人人都有取巧的心理，希望解决自己的问题，又不给别人带来麻烦，搭便车就是这样。当你在一个人烟稀少的地方，面对一辆又一辆的空车时，就会有想搭车的冲动。更需要值得注意的是，一些司机主动让你搭便车就需要提高警惕了。因为天上掉下来的未必是馅饼，很多时候潜藏着未知的凶险在里面。

据说，在很多地方，有些歹徒看到路边步行的女性和男性，便主动停车，热情地要求送上一程，如果你以为是好意的话，就上了对方的圈套，将自己置于不测，甚至是死亡的边缘。

本来，一辆车里如果有空位没坐满，就是资源的浪费，让人搭便车不用花费只给人帮助。如果你给人搭便车，大家也会给你搭便车；人与人之间彼此互相助成，这个社会就会变得更可爱。愿望听起来确实是好的，但实际情况往往不是这样，因为谁又知道搭车的人或被搭的车主是好人还是坏人呢。

这是因为：

一是有些不法分子利用孩子搭便车这一心理，孩子误以为对方是好意，一旦上车，无异于羊入虎口，便对受害人实施犯罪；二是青春期孩子还不充分了解这个社会，容易听信别人，容易上当，致使自己处于危险的境地；三是青春期孩子比较柔弱，身体素质不能和成年人相比，一旦受到侵害，便不是成年人的对手。

总之，作为青春期孩子，不知社会的潜在凶险，往往认为这个世界形势一片大好，便放松警惕，却往往进入对方布置的陷阱。在我们高度拜金、人人自私的环境中，一般人不会出于这样的好心，主动送别人一程。双方即使是非常熟悉的朋友，也要注意，谁又能保证对方潜在的祸心呢？

所以，对于青春期的孩子来说，有一些司机看起来可能是好人，或者慈眉善目的老人，但也不要放松警惕，因为真正属于人的机会不多，走错了一步，往往以后步步皆输，现在的骗子手段花样繁多。具体应该如何办呢？

首先，不随便搭便车，除了亲人或亲戚外，其他人的便车一般人不要搭，即使是好友，也要保持一颗防备的心。

其次，不单独去人烟稀少的地方。一般而言，一个人尽量不要单独外出，即使外出，也要尽量坐公共性交通工具。比如，公共汽车、火车等。

最后，自己如果会开车，也不要随意搭载陌生人，以防止绑架等事情的发生。对于陌生人来说，助人为乐往往具有潜在的风险在里面，对自己来说，就是画蛇添足，甚至摊上意外的麻烦。

心香一瓣

> 青少年在外切不可随意搭乘别人的便车，这是由于一些地方的社会治安情况造成的，搭便车而被抢去钱财或遭到凌辱之类的案件屡见不鲜，有些犯罪分子看到路边步行的青少年，就主动停车，殷勤要求送上一程。如果误以为他是好意，无异于羊送虎口，碰到这种情况，最好还是冷言拒绝，不要多加搭讪。

陌生人不是朋友

青春期的发育使青少年们有了浓重参与社会的意识,喜欢结交朋友,喜欢与别人分享,这无疑是一件好事。但不可否认的是,社会还有很多居心叵测的人,在时刻破坏着正常的社会秩序。青少年如果不注意,往往会成为他们的牺牲品。

胡某是一个16岁的少年,喜欢在网吧玩游戏。一次,他玩一种用刀捅人的暴力游戏时,玩技欠佳,每次都被别人捅"死"。坐在他旁边的一个学生也在玩同一种游戏,看到他不停地被捅,忍不住对胡某冷嘲热讽。这时,在网上,"杀"红了眼的胡某当即火冒三丈,抽出随身携带的半尺长的尖刀,捅向学生的胸口,导致受害人当场死亡,而胡某依旧沉浸在暴力游戏中。等到警察赶来,胡某才如梦方醒:"我是不是杀死了人,会不会坐牢?"胡某沉迷在血腥的暴力游戏中,已经失去理智,分不清虚拟网络和现实世界了。

通常,青少年们天天生活在象牙塔内,相对安全而快乐,过着被父母和老师保护的生活。但在他们的周围,并不是十分平静,除了疾病和自然灾难对人的破坏外,还有社会上的一些坏人可能在威胁着他们的安全。正如前段时间,强奸、抢劫青少年的事情时有发生,给他们的身心带来了严重的伤害。

据权威统计,全国非正常死亡的青少年达数万人之多,每天平均就有数十人青少年死于非命。他们的死亡主要是因为火灾、交通事故、暴力侵扰、溺水和爆炸等。其中，由于暴力侵扰对青少年造成伤害的事例大有人在，这是因为：

一是青少年自护力弱，青少年对陌生人防范意识不足，由于不能识人，而轻易被陌生的坏人利用，发生遭受损害的事情；二是生命宝贵，但也非常脆弱，一旦走入陌生人设置的圈套，轻者遭受身心损失，重者丢掉生命；三是陌生的骗子们花招多样，以各种各样的方式，迷惑青少年，一旦得逞，便对青少年实施不法侵害，所以，一个青少年即使精神正常、智力正常、行为正常，也容易被陌生人所欺骗，重要的是要经常保持一颗警惕的心。具体如下：

第一，要镇定，不要害怕危险。青少年遇到陌生人骚扰自己时，要先沉着，不要害怕，否则，陌生的坏人就可能更嚣张，逼你就范。所以你只有表现出足够的勇敢，对方自然就会心虚，就会无趣地走开。当陌生人的体力等因素优于你时，你不能硬碰硬，学会机智应对，使对方放弃侵害的念头。

第二，和父母取得联系，青少年如果一个人在家，听到陌生人开锁或进入室内时，千万不要贸然开门，要悄悄地给父母打电话，或者报警，以使他们注意，教你如何应对。

第三，扩大自己的交往范围。积极主动地与人交往，可以让自己处理与陌生人的各种事情和各种突发事件，使自己始终处于安全之中。

第四，注意身体语言的应用。羞怯的青少年不好意思与人说话，与人面对时不敢看对方的眼睛，所以给人的印象是冷淡、闪烁其词，但实质上这种身体语言传递的信息是胆怯、害怕和不安的情绪。但是，与之交往的青少年并没有注意到这一点。他们会把这种身体语言误解为冷淡、自负，从而避之千里，这使胆怯者更加迟疑不安。

第五，不接受陌生人的钱财。陌生人对青少年实施侵害往往会使用一定的诱惑，比如，给人小恩小惠，俗话说"无功不受禄"，这时要提高警惕。

　　第六，不向别人炫耀自己的情况，那些家境富裕的青少年，有时难免向别人炫耀自己的优越，但这往往被一些别有用心的人所利用，或抢劫，或绑架，

心香一瓣

> 　　青少年正处于长知识、长身体的黄金时期，他们是祖国的未来，由于在这阳光灿烂的社会中仍有阴暗的一面，他们单纯幼稚，涉世不深。他们很难辨别是非，因此青少年必须学会正确的处事方式，防范不法侵害，减少危险，以实现自己健康成长。

有必要会见网友吗

现在，信息化程度不断加深，人与人之间的交流变得快捷而方便，但网络交友或合作具有一定的危险性。青春期孩子经验少，见识少，很容易被不法分子所利用，所诱惑，所伤害……因此，对于网络交友而言，青少年应引起高度的警惕。

2012年5月27日下午，社会青年邓勇通过手机QQ认识了初中生小芳，不久，邓勇便提出约小芳一块出去玩。小芳想了想，便答应了，之后便与自己的同学小丽和小英三人一起与邓勇见面。邓勇开着摩托车载着他们三人一块在县城兜风，尔后又到附近朋友小王家去玩。

转眼到了晚上7点多了，小芳三人便提出回学校。邓勇便叫小王用摩托车送她们回校。小王将她们三人送到一条偏僻不好走的小路，她们三人便下车步行，小王趁机驾车离开了。

小芳三人沿着小路还没有走出多远，邓勇便伙同李军等多人一路尾随其后。20分钟后，邓勇一伙人便赶上了小芳她们。李军和两个男子便上前抓住小丽和小英，邓勇和另一男子追赶小芳，但没有追上。随后，邓勇与李军等人一起将小丽和小英围住，其中两人把小丽摁倒在路边的草坪上，邓勇对小丽实施了强奸，之后李军和其他多名男子轮流对小丽实施了强奸。邓勇强奸了小丽后又对小英实施了强奸。

小芳逃脱后，便连忙打电话报警，当警察赶到时，犯罪嫌疑人均已逃跑。后来警察虽然抓住了邓勇等人，并依法判了刑，但给小丽和小英的身心健康带来很大的伤害。

今天，互联网空前发达，青少年网上聊天、交友成为一种新时尚。但在暗处的一些不法分子利用这一平台预谋实施犯罪活动。有关网友会面，时有抢劫、诈骗钱财，甚至被实施强奸、发展到被强迫卖淫等案例屡见报端，给社会带来了很大危害。

俗话说，距离产生美，网络和文字容易给人披上迷幻的外衣，这导致一些青少年轻信网络，与网友迫不及待地见面。这其实是安全意识淡薄，缺乏自我保护意识行为，是非常危险的。这是因为：

一是，网络毕竟是虚拟的世界，网友双方难以分辨对方的真伪，一旦见了面，内心可能有说不尽的失望，这是因为对方都把自己、把闪亮的语言呈现给对方，不自觉地，隐藏了一些缺点，这种良好的感觉使青少年想急于与对方见面；二是有一些不法犯罪分子在利用网络，欺骗青少年，或拐或骗，使其受到损失；三是容易走向反面，网络的美好，使青少年双方迷信地认为对方就是自己最优秀的人生伴侣，容易做出偷尝禁果的事情来，而日后一旦遇到问题，反而产生矛盾，不久即散。

因为人在网上伪装自己的身份是非常容易的事情，一个自称是11岁的小女孩可能是一个居心不良的成年男子，一个自称12岁的小男孩有可能是一个心怀鬼胎的成年女性。因此，青少年千万不要和网友见面，如果非要见面，就选择一个人多而安全的地方，并和几个朋友一起去。而很多现实的例子"单刀赴会"，比如，去年1月29日深夜，年仅17岁的北京少女小红（化名）被两名网友骗到家中奸杀后抛至大兴一废弃工地，等等。

总之，青少年要正确认识网络，增加自身辨别能力及防范意识，做到健康上网、文明上网。否则，由于网络，花样的年华遭受惨不忍睹的摧残，当这样的新闻不时充斥我们的视野和听觉时，谁也无法无动于衷。事实是，网络本身没有过错，过错的是那些使用网络不当的人。这里，可以想些办法减少或尽量少些不幸的案件发生。具体如下：

第一，会见网友要事先告诉父母，并有人陪同下前往，而且会面地点要选在安全的公共场所。

第二，不轻易接受对方的财物，以免拿人家手短，吃人家嘴软，更要预防对方下药，以迷惑自己。

第三，不要将自己的全部信息告之对方。对方一旦知悉你的底细，更容易对你下手，或骗财骗色，甚至害命和绑架。

第四，尽量不与未谋面的人见面，不要轻易地单独跟对方到其家中或其他一些陌生的地方去，以免不可预知的危险。

第五，多看一些防范网络犯罪的书，以使自己知道如何防范网友作案。

心香一瓣

据调查研究显示，32%的上网青少年（43%的使用社会网络的青少年）曾经与陌生人联系过，而17%的上网青少年（31%的使用社会网络的青少年）与从未谋面的网友成为朋友。55%的上网青少年在网上有个人信息，45%没有。在填写了个人信息的青少年中，66%表示他们的个人信息只对部分网友开放。而那些个人信息可以被任何网民看到的青少年中，46%表示他们的信息或多或少存在虚假内容。正因为一些青少年过于向陌生人公开信息，相当于将自己置于不确定的危险之中。

怎样见义勇为

见义勇为是弘扬社会正气的一大举动,可以帮助别人脱离险境,是值得称赞和提倡的。但对于青春期孩子来说,他们的阅历和能力毕竟有限,难以对一些事情作出全面而准确的判断,一味地见义勇为,常常为此遭受重大损失,甚至是生命。

2006年11月26日下午3时,在上海松江大学城的一个食堂里,复旦大学上海视觉艺术学院二年级学生汪洋与同学看到一个男青年窃得一名女大学生的手机后仓皇逃窜。于是,他和同学紧追其后,在一个网吧的卫生间内将这名男青年韦风华抓获。令人意想不到的是,丧心病狂的韦风华拔刀猛刺汪洋胸部后逃窜。当天下午3时40分,被送往医院的汪洋因失血过多,经抢救无效而死亡。汪洋牺牲时年仅19岁。次日凌晨,韦风华和覃海平终于在上海闸北区一家假日酒店内被公安机关抓获。

上海市第一中级人民法院对这一起抢劫案作出一审判决,被告人韦风华被判处死刑,并附带民事诉讼赔偿42.8万元。

每个社会都需要标杆,需要精神支柱,见义勇为便是。见义勇为是我国宝贵的传统美德,自古以来便作为一种正义传承。

但人最宝贵的是生命,当一些事情有生命的危险时,这时的见义勇为无异于送死。比如,你不会游泳,看一个人跳海之后,是无法把他救起的。因为你跳到海里无异于送死。这是因为:

一是身体发育不成熟,也没有人生阅历。对广大的青春期孩子来说,无论是身体发育，还是人生阅历，都是不完全的。当遇到一些事情时，最关键的是自救、自护，根本没有力量再去救助他人；二是自己也尚处于被救助的地位，当一些突发事情来临时，能够保护好自己，就是万幸了。比如一些歹徒在实施犯罪时，根本不把他们放在眼里，他们知道对方在力量和智力方面与他们有差别的，因而不怕"几个毛孩子"；三是他们是社会的未来，社会的发展需要他们。他们经历了长期的学习，具备了一定的文化知识，如果因为意外事件而失去生命，不仅是对个人和家庭，以至整个社会来说，损失巨大。

人如果失去了生命，其他的一切将无从谈起，因此，社会不提倡孩子以牺牲生命的代价来实现见义勇为。这并不是不提倡见义勇为，而是要提倡正确的见义勇为，下面的方法值得一试：

首先，衡量风险，三思而行。见义勇为的前提是必须具备足够的能力和条件，而不是拿着自己的生命去冒险，面对紧急的情况时，理性一点，学会换一种方式，可以既让自己安全"救人"，又让人得救。两全其美。在情况恶劣时，可以呼叫别人进行帮助，比如报警，等等，借助大人的力量才是可取的，自己也算尽了力。

其次，不要使情况扩大化。如果面对穷凶极恶的歹徒劫持别人，除了让自己安全外，还不要激化歹徒，以防其杀害被劫持人。

最后，端正观念，尊重客观规律。自我保护不是自私，按照人的自然生理规律，处于发展早期的中小学生本来就是弱者，他们不像成年人那样有自立的能力，因此对于他们来说，首先要思考的问题不是救人，而是"自救"。

心香一瓣

青少年心智发育尚不成熟，社会生活经验不足，如果遇到火灾、水灾或者行凶、抢劫等重大灾难、恶性事件时，直接去参与救灾或制止行凶、抢劫行为，显然不合适。但是，青少年要做一些力所能及的事情，比如看见老人、小孩不慎跌倒的时候，青少年就应该上前搀扶，等等。在见义勇为的过程中，要"巧"为，要"智"为。青少年首先要学会自我保护，尽可能地避免受到意外伤害和不法侵害。因此，青少年见义勇为不仅要区别情况，还要注意方法。在重大灾难或恶性事件突发的时候，或者看见有人落水的时候，自己虽不能直接参与，但可以设法报警，又或者大声呼救，寻求众人的帮助。总之，青少年在能够保护好自己的前提下，要区别情况，注意方法。

如何做善事才能没有危险

做善事，做好事，辛苦的是自己，方便的是别人，但可以揭示一个人具有优良品格，也是中华民族的优良传统。做善事本身没有错，但在经济大潮的冲击下，做善事也有风险。所以，青少年应善于擦亮眼睛，把善事做好。

人为什么要做好事？如果非要一个原因的话，就用郭明义的话回答就是"帮助别人，快乐自己"。所以做好事是值得提倡的，因为它能给处于困境中的人以方便，解决了别人的麻烦，自己则感到快乐。经济开放后，随着各种思潮的到来，有时做善事反而是一种麻烦。这是因为：

一是容易被一些别有用心的人所利用。做善事帮助了别人，对自己是一种快乐，但总有一些别有用心的人，利用别人的善心，通过别人做好事，来实现自己的"阴谋"；二是青少年把握不好做好事的是非界限，容易给自己惹上麻烦；三是做善事的成本比较大，有的青少年认为，只要做善事就可以了，而不怕自己所花的时间和精力，导致自己丢了西瓜，去捡芝麻；四是做善事几乎没有回报，做好事的人付出自己的努力，带给别人方便。

南京彭宇案后，社会风气似乎突转直下，人们顿然发现，原来被帮的人也不都是良善之辈。因此，做好事虽然是一种善举，但也可能给自己带来麻烦。那么，青少年如何做善事呢？

第一，我们不必做那些吃力不讨好的善事，做好事是为了让人顺利完成事情,而不是向别人索取什么,更不是给自己"找罪受"。所以,对一些有潜在危险的事情,应远离它。

第二,衡量自己的能力,做善事是需要能力的,自己如果不具备那种能力,就要远离,否则,只不过给别人添麻烦而已。

第三,判断那些不好的事情,有一些事情是非常奇怪的,当自己眼高手低时,往往忽视。

第四,有良好的出发点,不计回报。这些人做善事完全是为了日后的回报,一旦不能如意,就感觉自己吃了亏,违背了自己当初做好事的初衷。

第五,小心"碰瓷"。 做者无意,受者有心。青少年做好事,要考虑后果,防止做了好事他借机讹你一把,自己却遭受损失。

心香一瓣

做人应该怀有爱心,怀有善心,想去帮助别人也是值得褒扬的事,不过是在遵守法律法规的前提下,有的事情看起来是好事,却在不知不觉中违反了法律。另外,在一些容易引起误会的地方不要冒险救人。比如扶突然倒地的老太太,与其救助,不如给公交、交通等有关部门打电话,让他们管理这些事情。

警惕"微信"搭讪

随着科技的发展，人类的生活大大便利。微信就是即时通信免费应用程序，"摇一摇"就可以与在摇手机的陌生人即时通信。新奇而好玩的功能一直刺激着青少年的神经，殊不知，由此带来的危险也不可小觑。利用"微信"诱出事主实施抢劫、抢夺等违法犯罪的警情时有发生，要小心那些用"微信"搭讪的陌生人，小心上当受骗。

手机是一个很好的工具，游戏、浏览网页等无所不能。特别是智能手机的出现，大大满足了人们对娱乐的需求，但娱乐和快乐的背后则潜藏着巨大的危险。这是因为：

一是微信面对的是一个大环境，这个大环境中，有一些坏人。而微信就是他们行骗的"舞台"，犯罪分子很容易利用人们的善良和轻信心理上当；二是青少年面对的是有一定社会经验的成人，容易上当受骗；三是微信具有很大的方便性，利用微信不用担心社会这个大环境，使人与人之间的交流容易起来，同时也增加了被伤害的几率。

所以，我们知道微信带来方便的同时，也给不法分子提供了可乘之机。他们的一般伎俩是：嫌疑人均通过"微信"搭讪、结识事主，然后通过手机聊天逐渐骗取事主的好感和信任后，将事主约至指定地点见面，伺机进行抢劫、抢夺等违法犯罪活动。因此，青少年要提高防范意识，不要轻信对方，也不要轻易和对方见面。那么，青少年应该如何做呢？

首先，青少年尽量不用微信。青少年处于掌握科学文化的关键阶段，理应把精力用在学习上，和同学们交流可以用其他各种各样的方式，根本用不着微信，以减少被伤害的几率。特别是女生，体力和精力无法和成年人相比，更容易受到伤害。

其次，不要相信微信。或许你不经意间打开了微信，面对别人的搭讪，不要信以为真，最好不理睬。

最后，远离网络。除了学习不得不利用网络外，青少年做其他任何事最好远离网络，而把精力用在学习上，这样既抵制了诱惑，还提高了自己的学习。

心·香一瓣

对一些科技或新奇的交际平台不要急于尝鲜。或许一些高科技使你激动，使你高兴，让你非常容易地和别人建立各种关系，而不必感觉尴尬或陌生，但要注意它的背后可能存在陷阱。正像QQ、聊天室等刚推出时，不少青少年成为犯罪分子的猎取目标，而遭受凌辱，甚至付出生命的代价。

毒品吸不得

现在,毒品已成为人类的一大公害,它不知摧残了多少人的健康,一旦沾上毒瘾,便容易陷入其中不可自拔。吸毒既是一种违法行为,也是一种自杀行为,对个人、家庭、社会和国家造成了严重的危害。作为未谙世事的青少年,好奇心强,更容易受到毒品的诱惑,而最终后悔莫及。

毒品就像一个凶猛的恶魔,一旦"盯"上谁,谁就会听任它的摆布。因此,人人谈毒色变,被全世界的人民所唾弃。为此,人们提出了"珍爱生命,远离毒品"的口号。

青少年作为未成年的孩子,有自己的弱点,如果被一些别有用心的犯罪分子盯上,容易落入毒品陷阱。尽管青少年都有进步、向上的一面,但经不住骗子的花言巧语,以请客、义气等名义诱骗不明真相的青少年服食有毒品的食物饮料等。

关于毒品的犯罪很多,一例例、一桩桩触目惊心的吸毒案例,让人对涉入其中的青少年们扼腕叹息。在西北地区就有一桩这样的案例,一对夫妇利用各种卑鄙的手段,诱骗76名青少年染上了毒瘾,其中有4人因吸食过量而死亡。这对夫妇把自己的家当成了吸毒的天堂,无疑,他们的行为触犯了法律,最后得到了应有的严惩。

毒品的危害为什么这么大?毒品进入人的体内后,直接作用于神经系统,使人产生一种短暂而原始的精神松弛和愉快感,出现幻觉,从心理上对毒品产生强烈而难以控制的渴求,这就是吸毒者所说的"心瘾"。有了心瘾，就有了再想吸一口的念头。这种念头非常可怕，具有强烈的依赖性，海洛因成瘾者一旦停吸8—14小时，便会流泪、流涕、流口水、频繁地打哈欠、出汗、焦虑、烦躁、失眠、瞳孔放大、全身起鸡皮疙瘩、打寒战、恶心、呕吐……

可怕的是，随着人体对毒品逐渐吸收和适应，身体自动产生耐受性，需要不断加大剂量才能满足"心瘾"，在这个过程中，许多人是在加大剂量的过程中而中毒死亡的。既然毒品如此可怕，一些青少年为什么还吸毒呢？这主要因为：

一是青少年的好奇心的驱使，青少年具有了成年人的"雏形"，但心理并不成熟，世界观和人生观没有形成，对任何事物都存在强烈的好奇心和探索欲望，但他们却又缺乏明辨是非的能力，常抱着侥幸的心理而"中招"；二是不良家庭环境的影响，一些言行不检点的父母常常成为其子女恶的榜样，他们本身吸毒而传染给了孩子，还有因父母离异，家庭残缺，得不到家庭温暖而导致吸毒，也有的过于溺爱而寻找刺激导致吸毒；三是青少年交友不慎，因为朋友吸毒觉得好奇而吸毒和受朋友引诱后吸毒的不在少数；四是精神空虚，没有追求所致，一些青少年精神空虚，易受外界的影响，一旦遇到生活困难、人际冲突、升学受挫等，就会灰心丧气，精神颓废，心灵空虚。为了弥补空虚，这些青少年在毒品的环境下，常常会染上毒瘾。

因此，作为青少年应着眼于远大的人生目标，远离毒品，时刻对毒品犯罪分子保持警惕，那么，具体应该如何做呢？

第一，保持一颗警惕的心，在生活中，青少年要拒绝别人提供的药品、好奇之物，这些往往是毒品的陷阱。

第二，对毒品要有一个清醒的认识，毒品就是毒品，不能减肥，也不能治病，更不是炫耀，认清了毒品的真面目后，要真正远离毒品。任何事情一旦与"毒"沾上了边，要坚决地拒绝，即使被胁迫，也要设法解脱，比如，面对毒品犯罪分子，青少年应学会利用法律与犯罪分子周旋，以巧妙地保护自己。

第三，对来历不明的好处要提高警惕，因为天下没有免费的午餐，谁知道背后有没有陷阱呢！

第四，发现风吹草动告诉父母或报警，在不知情的情况下，如果我们可能被狡猾犯罪分子的诡计引诱，意识到后，一定要立刻告诉家长、老师，在他们的陪同下到公安机关报案。

心香一瓣

根据我国《刑法》的规定，对引诱、教唆、欺骗他人吸毒的犯罪分子，判处3年以下有期徒刑、拘役或者管制，并处罚金，情节严重的，处3年以上有期徒刑，并处罚金。其中，对引诱、教唆、欺骗未成年人吸食、注射毒品的犯罪分子，从重处罚；对容留他人吸毒的犯罪分子，判处3年以下有期徒刑，拘役或者管制，并处罚金。

警惕艾滋病

艾滋病是一种绝症，虽然已经流行了几十年，但直到现在还没有哪种非常有效的药物。而且，艾滋病流行和传播的条件仍然有可能，甚至有所加剧。因此，提倡健康的生活，预防艾滋病，这对青少年来说非常重要。

艾滋病会给人们带来极大的痛苦和恐慌，而且，痛苦过后，就是生命的丧失。现在，世界上的艾滋病患者比以前大大增加，人们比以前更加恐惧艾滋病，这是因为：

一是性自由泛滥成灾，在这个物欲横流的世界中，青少年的性观念发生了明显的变化，一不小心，自己就容易迈进艾滋病患者的行列；二是人们至今没有发现非常有效的艾滋病药物，一旦发病，将很难治愈，减短了寿命；三是吸毒人数的增加，加剧了艾滋病的传播，吸毒人群增加，且静脉吸毒的比例逐渐增高；预防艾滋病知识普遍缺乏，容易遭受社会不良影响的侵袭。

总之，在青少年中开展预防艾滋病健康教育是非常重要的也是十分必要的。作为一名青少年，应该如何预防艾滋病呢？

第一，青少年要洁身自好、纠正不良行为。完全可以做到预防。而良好的卫生观念和行为必须从青少年时期培养。

第二，掌握基本的艾滋病知识。青少年要接受预防基本知识的教育，了解艾滋病的危险是确实存在的，建立信心，可以通过纠正自己的不良习惯和行为避免艾滋病病毒的感染。

第三，预防性侵犯。青少年要自尊、自爱、自信，使坏人不敢接近你；而且要多参加集体活动，多和大家在一起，使坏人没有机会接近你。比如，不单独在异性家里过夜。

第四，远离毒品。共用注射器吸毒是传播艾滋病的重要途径，因此要拒绝毒品，珍爱生命。

第五，不去藏污纳垢的娱乐场所。不要出入电子游戏厅、台球厅、歌舞厅、酒吧等场所。

第六，警惕陌生人。不要轻信陌生人，更不能单独和陌生人外出，与陌生人保持一定距离。

心香一瓣

艾滋病，即获得性免疫缺陷综合征，是人类因为感染人类免疫缺陷病毒后而导致免疫缺陷，并发一系列机会性感染及肿瘤，严重者可导致死亡的综合征。目前，艾滋病已成为严重威胁世界人民健康的公共卫生问题。它把人体免疫系统中最重要的T4淋巴细胞作为攻击目标，大量吞噬，破坏T4淋巴细胞，从而破坏人的免疫系统，最终使免疫系统崩溃，使人体因丧失对各种疾病的抵抗能力而发病并死亡。艾滋病病毒在人体内的潜伏期平均为12年至13年，在发展成艾滋病病人以前外表看上去正常，他们可以没有任何症状地生活和工作很多年。

第六章 警惕黄毒带来的身心摧残

　　随着经济的不断开放和发展，同时也带来了各种色情的影响，加上网络的发展。很多青少年终究抵挡不过巨大的诱惑，而走上犯罪的道路。黄毒犹如社会的一大毒瘤，一旦盯上青少年，就会让其不可自拔。因此，学校和父母要共同努力，还孩子一个清净向上的学习环境，使其生活得阳光幸福，从而快乐地成长。

黄色网站对青少年精神的"吞食"

互联网技术的迅猛发展,给人类的工作和生活带来了极大的方便,逐渐成为人类必不可少的技术。与此同时,互联网为色情提供最简单和先进的快速渠道,令那些处于人体快速发育中的青少年防不胜防,在一定程度上毒害了他们的心灵,甚至诱发一部分青春期孩子走上违法犯罪的道路。

目前,有不少媒体调查信息显示,有80%的青少年浏览过黄色信息,这是一个危险的信号。其实,青少年也受过一些教育,知道色情网络的毒害性,却为什么偏偏又被它拉下水呢?这主要是因为,网络色情内容和传播方式多样性造成的。

一是色情图片,它是网络上最常见最猖獗的色情传播方式,往往居于网络显要位置,大大刺激了阅读者的感官,从而影响其心理;二是色情视频,随着影音技术的发展,色情录像成为网络色情传播的重要方式,它们对青少年的影响,最为深刻,甚至使他们迈向犯罪的深渊;三是色情交流,网络上一些色情交流对青少年具有很大的吸引力,因为这种方式具有很强的参与性、神秘性,甚至充满性的挑逗和肮脏的性交易;四是色情广告,网络上通过电子邮件或打着健康口号,向青少年销售色情产品,比如色情游戏和性产品网站等。

这些东西被人们称为"电子海洛因",对青少年的毒害很深,比如:

一是直接影响了青少年的学业,一些青少年一旦被色情网站所"俘虏",便滋生出无限的好奇心,从而花费相当的精力,严重影响了学业;

二是诱惑青少年走向性犯罪，一些色情网站宣传性变态、同性恋、恋童癖、乱伦等各种畸形性行为，一些意志薄弱的青少年容易禁不住诱惑，于是铤而走险，甚至迈向犯罪的深渊；三是危害青少年的人身安全，一些色情组织利用聊天室诱惑青少年提供各种有偿性服务，这是一种严重的违法犯罪，对青少年的人身安全造成了直接的威胁，一些青少年甚至为此付出了生命的代价。

据国外权威机构研究显示，互联网络上的非学术信息中50%以上的内容与色情直接或间接关联，而且网络色情的数量和传播速度都远远超过其他任何时期。而且，一些青少年对网络上与学术、商业、政府等有关的健康信息"不感冒"，反而对各种色情方面的信息趋之若鹜。这是因为：

一是色情信息广泛而又集中，正如前面所说，在网络这个诱人的虚拟空间里，充斥着大量的色情信息，图文并茂，网站之间的链接十分方便；二是网络具有隐秘性，迫于道德和法律的威慑，一些色情网站要有所顾忌，涉世不深的青少年禁不住诱惑而向他人提供色情服务或迫使他人为自己提供色情服务；三是网络的开放性和互动性，让青少年觉得不再是一种单纯的性幻想，而是与真实性交往有着很强的相似性；四是监管的困难性，由于各国的习惯和文化的差异，对色情内容的界定具有很大的不同，导致监管困难。

不可否认的是，色情对青少年具有很强的危害，所以，整个社会都应该积极地行动起来，和色情违法活动作斗争，对其进行坚决的打击和取缔。那么，广大青少年应该怎么做呢？

首先，应加强自身素质的修养，远离网络色情。广大青少年应树立远大的理想，把精力用在学习上，远离网络色情。

其次，加强自我保护意识，青少年要增强自我防护意识，要自觉遵守"网络文明公约"，不随意约会网友，要有益身心健康，不沉溺虚拟时空，以防给自己带来危害。

最后，积极同色情违法网站作斗争，青少年不仅自己不受色情的影响，而且还要学会让他人不受此影响，发现有违法的色情信息，要积极向网警或拨打110举报，为营造一个健康的网络环境作出自己的努力。

心香一瓣

> 有关调查表明，在12岁以上的青少年网民中，认为"网上结婚""浏览色情网站"和"网络发展的一夜情"是"绝对不可以"的分别占70.4%、71.8%和76.2%。中国青少年网络协会发布的中国青少年网瘾报告（2009）显示，有88.9%的青少年网民认为"色情交易"是"绝对不可以"的。总的看来，大多数12岁以上的青少年网民认为在网络上的恋爱、结婚以及网络上和现实中的色情活动都是"绝对不可以"的。但相比较而言，"网恋"这种网络上的虚拟恋爱得到了更多的包容，同时，"网上结婚"和"浏览色情网站"相比较于现实中"色情交易"的不认同程度也低了近二成。

别让手机成为色情平台

随着手机技术的日新月异,手机越来越普及,智能手机不断翻新,同时,有关手机的业务也在不断增加。现在,手机已经成为广大青少年手中的"重要玩具"。与此同时,与色情有关的黄段子和图片层出不穷,严重威胁着青少年的心理和生命安全。

市民雷女士有一个正在读高一的儿子,前段时间儿子要求换一个智能手机。雷女士提醒儿子要把精力放在学习上,但拗不过儿子的再三请求,便在国庆节给儿子买了一款智能手机。儿子拿到智能手机后,非常高兴,便带着手机在外面玩了一整天。几天后,雷女士发觉儿子有点不对劲,因为他老是一个人待在自己的房间里不出来。一天,雷女士看见儿子放学后在屋里玩手机时,便悄悄地跟在身后,走近一看,大吃一惊,原来儿子正在看手机屏幕上的裸体女人。雷女士这下生气了,经过再三盘问,儿子终于说自己是在网上下载的,很流行,同学们都在玩。但雷女士非常担心,儿子正处于危险的青春期,长期看这些内容怎么得了?

现在,持有手机的孩子越来越多,想当初,父母给孩子配备手机的目的是为了加强与孩子之间的通信联系,但据调查统计:与家人联系占38.55%,发短信占52.17%,玩游戏占19.13%,上网占8.99%,闲聊占44.1%。除第一项外,其余各项都有可能沾染色情内容。

持有手机的青少年越来越多,手机渐渐成为广大青少年的日常通信工具。当然,手机娱乐在青少年中也占有了很重要的位置。但随之而来的是，色情游戏和色情服务在手机平台上蔓延，这些懵懂并缺乏自制力的孩子将是最大的受害者。这是因为：

一是色情游戏，现在，一些青少年手机短信业务和下载业务层出不穷，这其中不乏色情游戏。在一些非法链接中，有"啤酒美女"、"纯色美女"和"美女的诱惑"等充满挑逗性的游戏，这些游戏随着游戏等级的不断提升，将有一些淫秽的图片渐渐出现在手机屏幕上。甚至，一些手机游戏更为低俗，严重威胁着青少年的健康；二是色情短信，一些青少年对手机短信很着迷，吃饭时发，睡觉时发，甚至在上课时也发，同时，他们的表情也很丰富，很多时候乐得捂着嘴笑，不用说，这些搞笑短信就包括很多黄色信息。据调查显示，几乎每个中学生都接触过黄色短信；三是微信，现在腾讯有一种免费业务叫微信，它是指位置近的两个开通微信的人之间可以通话联系，但常常被一些违法犯罪分子所利用，使一些青少年堕入危险的境地，网上由于微信引起的不良事件层出不穷，在此不再一一列举了。

对正在成长中的青少年来说，手机色情泛滥，已经严重影响到他们的身心健康，同时也包括成人在内。那么，青少年应如何应用手机呢？

首先，弄清手机的功能和使命。青少年要首先清楚，手机的功能和使命是为了联系方便，而不是去做其他事情，不能因为过分好奇而让自己走邪路。

其次，将精力放在学习上。青少年的任务就是学习再学习，不要玩"手机"而丧志。

最后，发现低俗网站，立刻举报。青少年在手机中发现色情内容时，要留下证据，向公安机关举报。

心香一瓣

　　随着生活水平的提高，青少年的发育比以往有所提前，青少年性行为的年龄也逐渐提前。现在，有关少女怀孕、聚众淫秽、小学生卖淫等事情时有发生，这与时下流行的网络和手机淫秽色情文化有着密切的联系。现在近九成青少年拥有移动手机，在这法律法规不健全的今天，色情游戏、色情文字、色情图片充溢在青少年的周围，给他们带来一定的负面影响，因此，青少年应该杜绝手机色情文化。

不看黄色书刊

青少年生殖器官逐步发育完善，对有关性的问题相当敏感。一些带有男女淫乱内容的黄色书刊容易使孩子产生淫乱思想，诱导他们走上犯罪的道路，影响他们的健康成长。

进入青春期后，由于生理上的迅速发育，青少年对性知识产生好奇，其实这是正常的心理反应。

青少年身体各器官正处于快速发育时期，但还不能像成人那样行使成人的功能，最致命的是，他们的控制力比较弱，在性的问题上总想"试上一把"。除此之外，黄色书刊也给他们的心理健康带来严重的危害。这是因为：

一是，书刊不容易被发现，一般来说，图书占的体积小，便于随身携带，而且它不受时间和空间以及其他条件的限制；二是它扩散快，毒害大，容易毒害青少年；三是容易使青少年走上违法犯罪的道路，黄色传媒诱发的强奸、流氓、抢劫、凶杀等犯罪，其社会危害性远远大于黄色传媒本身；四是青少年的自我控制能力还不完善，一旦对性刺激的念头体验上瘾，就会无力自拔。

刘某、黄某、张某和孙某犯罪时，只有16岁。当时，4个人一起传阅了一本黄色书刊后，总是一起议论书中描写的细节，并越说越起劲，都不约而同地手淫了一把。几次之后，他们觉得不过瘾，便想找一个真人过过瘾。一天，他们四人在路上遇到一个15岁的女学生，生拉硬拖，带至家中，四人将其轮奸，结果，都被判五年徒刑。他们在监狱里悔恨地说："黄色书刊就是一剂没有味的毒药，害人不浅。"

总之，要不断提高广大青少年对性问题和黄色传媒的正确认识，增强抵御黄色书刊侵蚀的能力。青少年只有清醒地认识到这种危害，才会自觉远离色情陷阱的诱惑。具体如下：

第一，接受健康的性知识，青少年应学习健康的性知识，了解男女人体结构，正确认识人体，以杜绝伤害，满足自己的求知需要，这样才能健康的成长。

第二，不看不健康的书刊，不看专门描写性爱等镜头的黄色书刊，以杜绝后患。

第三，配合扫黄打非教育，勇于与不法行为作斗争。发现宣传黄毒的不法分子，在保证不伤害自己的前提下，积极报警，将违法分子绳之以法。

第四，增强性道德和自制力。青少年一定要自觉筑起防腐蚀的堤坝。应当学习一些必要的"性"知识，了解自己身体和心理的变化；接受性道德规范和法制的教育，以道德准则和理性来控制自己。

第五，要树立正确的人生观、价值观，即不看黄色书刊或录像，不听邪门歪道的性故事，不做越轨的事，长大后将自己的爱情完整地赐给自己的爱人。

心香一瓣

> 漫画类对年龄小的学生更有吸引力，它的内容不外是情爱、追星、宣传天命，刊物的内容整体上比较低级、不健康。其中工读学校（为有违法或轻微犯罪行为的未成年人而办的特殊学校）领导反映，工读学校学生造成行为偏差的原因途径很多，但有一条是共通的，就是受黄色书刊毒害影响的占98%。

不看黄色画片A片

现在，尽管禁止青少年看A片，但他们还是能够从各种渠道获得这些影片。未成年孩子一旦看过这样的影片，便容易诱发多重性伴侣以及频繁地发生性行为。更为严重的是，这些青少年在性交后，容易感染衣原体病毒，给自己的身体带来损害。

现在是一个信息高度发达的时代，青春期的孩子如果想要看A片，在网络上看或许也不是什么难事。青少年是社会的未来和前途所在，他们如果沉溺于色情，很容易做出损害自己或别人的事情来。这是因为：

一是容易把异性当做性工具，看过A片的青春期孩子容易受到刺激，容易铤而走险，伤害无辜女性，结婚后更把对方看做是性工具，忽视双方的精神交流；二是青春期孩子容易受片中影像镜头的不良影响，将自己沉迷于性的梦幻之中，从而严重影响心理健康；三是容易患心理障碍，青春期男孩经常看A片，由于好奇心的驱动，更想知道男女间的性爱是怎么回事。于是男孩子们就利用一切机会来满足自己的好奇心，有些男孩子就偷偷摸摸地向年纪大一些的哥哥借黄碟，然后呼朋唤友一起关在小房子里看碟，还边看边兴奋地讨论，久之导致精神颓靡影响工作生活，甚至走上犯罪道路；四是影响世界观和人生观。由于生理的发育，对于男女之间的事情都比较好奇，一旦接触了，出于一种本能，它就会像毒品一样吸引青少年，从而影响孩子的学习和成长，而且往往这些黄片都伴随暴力；五是容易造成手淫和性犯罪。手淫影响身体健康，是一种不健康的行为，手淫过频繁会引起身体多种问题。六是最直接的，即学习受到影响，这也是一个令父母和社会担忧的问题，问题并不在于A片本身，而在于青春期孩子看了A片后要做什么。浏阳市一位母亲讲述了这样一件事：

儿子小雨(化名)在浏阳一所中学上初二，今年14岁。3月1日早上，刘女士照例打扫儿子的房间，不料在席梦思下面发现了两张碟片，碟片封面是一对男女，画面"有些不堪入目"，影碟的名字更是让大人都脸红。丈夫常年不在家，自己又从没买过这种影碟，除了儿子，还会是谁?她气得浑身发抖，但仔细想了想，还是把影碟放回到原处。晚饭后，当她再去床头查看影碟时，发现不见了。她找到儿子，儿子竟一口否认："我没见过什么影碟。"

上述案例讲述的是青春期的孩子遭遇性心理困惑后没能得到正确疏导而出现的非正常现象。无论男女，进入青春期，性发育成熟，性激素达到一定程度，性欲自然地萌发各种性想象，对性的好奇和追求，是青春期孩子出现的正常现象。孩子之所以会偷看三级片，最根本的原因是无法从正常的渠道获取有关性方面的知识。

这里，做父母的，应如何对待青春期孩子呢?

第一，对于青春期孩子自身来讲，必须有驾驭自己的能力，不接触黄色的刊物或录像，青年人要知道自己的发育特点，包括性心理发育的特点，知道自己对性的好奇是生理上、心理上的正常现象，把握好自己，不要为自己的性幻想觉得荒唐，或者为性好奇的情况而感到内疚或恐惧，自己不要背上思想包袱，同时要理智的控制自己的行为。青春期的孩子要学会不断调适自己的心理，特别是调适自己的性心理，消除对性的神秘感，有意识地培养自己高尚的情操和坚强的意志品质，用理智战胜本能，正确处理好青春期性心理问题。学会培养自己广泛的爱好兴趣，把旺盛的精力投入到学习科学知识，掌握技能上，投入到健康有益的活动中去。

第二，多参加学校组织的性教育课程，并且要重视，作为重点课程来抓；而社会，尤其是媒体，应该多从孩子的角度出发，尽量做到避免污染孩子的心灵。做好青春期孩子的性心理健康咨询非常重要，从对家长对孩子进行性教育开始，到学校开设性教育课程，再到社会舆论氛围的再造，都应该对孩子做正确的引导。

第三，处于青春期的孩子，要经常与父母沟通。不管父母工作有多忙，相信一定会给予孩子精神方面的关注。

第四，多鼓励自己参加集体活动，多参加集体活动，精力有了渲泄渠道，就不会有过多的时间考虑和做一些不该做的事情。

心香一瓣

在英国一项对1000多名18-24岁的年轻男性的调查中发现，有4%的人每周观看色情电影超过10小时以上，他们中80%的人会因此耽误事情或错过约会。医生认为他们这种类似隐性强迫症的行为会导致很多问题，这类长时间沉浸看色情电影的人也许就是患有强迫症，需要医生进行心理干预治疗。

风月场所去不得

我们都知道,歌舞厅、酒吧等风月场所是成人娱乐的地方,是帮助成人放松、解除疲劳的地方,也是一些人寻衅滋事的地方,具有一定的危险性。对于涉世不深的青少年来说,这些风月场所是容易使人堕落而不思进取的地方,甚至用魔窟形容也不为过,应当远离。

福州某中专一女生小丽在广东中山打工时,她向同学小文介绍说,能帮她联系月收入过万的工作。而小文到中山十多天后,发现所谓收入过万的工作竟是在歌舞厅"坐台"。工作内容是,晚上负责陪酒陪唱,如果客人"有需要",也可以出台。而小丽还介绍了同学小芳到中山,小芳发现上当后,仅仅3天就找个机会溜回福州。回到福州后,学校并没有发现她离开过,她也没有向校方与家里提起这段经历。

好在,这些女孩子在广东并没有被限制人身自由,也没有被胁迫。而她们学校对学生去向毫不知情,否则可以更早地制止此事。

通常来说,风月场所是藏污纳垢的地方,即使是普通的成年人被敲诈的也大有人在,别说不谙世事的青少年了。

所以,对于青少年来说,见了风月场所,应该避之唯恐不及,生怕沾染上。这是为什么呢?

一是容易被风月场所敲诈,甚至陷入其中不能自拔,严重影响身心健康;二是增长被性病和艾滋病侵染的风险,患病后会很痛苦;三是陷入堕落之中,并泯灭自己的理想。在风月场所,青少年一旦上瘾,就如同吸毒一样，对性的需求就需要不停刺激，需求也会越来越多，会自甘堕落，将学习和理想等一切正当的人生前途抛之脑后，从而导致碌碌无为；四是伤风败俗，为世人所不齿，出入风月场所一旦被人知晓便容易在人群中传播开来，自己将颜面扫地。

总之，生命脆弱，请青少年一定要慎重。在此提醒大家，"养兵千日，用兵一时"，平时请多修身养性，提高自我品德，关键时才能抵抗住诱惑，防止悲剧发生。每个人都希望自己比别人好，而对于青少年来说，这样想的时候就会过度纵容自己的虚荣心，这对自己将来的发展是不利的。如果有了爱慕虚荣之心，就一定要想办法克服它。那么，如何才能矫正自己的虚荣心理呢？

首先，要客观地认识自己。我们要对自己的优点和缺点有一个客观的认识，既不要过高地估计自己，也不要无视自己的短处。优点并不一定是自己比别人好的地方，缺点也不一定是自己不如别人的地方。并且，优点和缺点往往是相辅相成的，没有绝对的优点和缺点。这样想就可以获得心理平衡，不至于用夸张或逃避的方式来保护自尊。

其次，正确地对待人与人之间的差别。社会有等级性，青少年也有等级观念，但要平等相待、互相尊重。如果认为轻视弱者、尊重强者是客观存在的现象，那么就视同其他条件优越的人会轻视我们。相反，如果不计较，也就少了几分烦恼，就不会做出伤害自己和亲人的事情。

最后，加强自身修养，不追求虚幻的满足。虚幻的风月场所看起来很美，却藏污纳垢，为人所不齿。加强了自身修养就提高了节操，容易看破这些地方的肮脏，就能遏制自己的欲望。

心香一瓣

《中华人民共和国治安管理处罚条例》第三十条 严厉禁止卖淫、嫖宿暗娼以及介绍或者容留卖淫、嫖宿暗娼，违者处十五日以下拘留、警告、责令具结悔过或者依照规定实行劳动教养，可以并处五千元以下罚款；构成犯罪的，依法追究刑事责任。嫖宿不满14岁幼女的，依据刑法第一百三十九条的规定，以强奸罪论处。

从正确途径接受性教育

对青少年来说,荷尔蒙分泌增加,性器官进一步发育,有必要进行性教育。但很多孩子却在父母那里得不到这方面的知识,容易导致不良的后果。因此,应从青春期孩子的实际需求出发,让他们接受一些实用的性教育,以更好地保护自己。

现在,中学生早熟得多,身边诱惑也多,发生婚前性行为、人工流产、宫外孕等的青少年大幅增加。令人感到痛心的是,不少中学生对此却采取无所谓的态度,甚至将此视为前卫在同学间宣扬。广州市人口计生局副巡视员段建华认为,有关中学生的性教育存在师资缺乏和教材滞后等问题。编制、体制缺位,许多学校没有设置专业教研室,教材内容并不能满足学生的知识需求。在广州举办的性文化节期间,"80后"几乎没有接受来自家庭的性教育,成长环境相对单纯。现在影视、小说、网络性话题铺天盖地,许多"90后"家长却依然认为性教育"不用教,孩子自然会懂",回避与孩子交流。

堵之不如疏之,在学校开展正规性教育十分必要。现有性教育教材通常以教育者的口吻写成,有点"居高临下"。如果能从学生角度出发,看他们有什么想法,或许能增加教材的针对性。

我国现有青春期性教育大多以防止不良后果为出发点,不能真正从青少年需求出发,教育内容拘泥于青春期生理知识介绍,应把重点放在辅导青少年如何与异性交往。另外,培养和锻炼青少年有效的交流技能、拒绝不良诱惑、权衡利弊作出理性负责抉择的能力，这必不可少。

性学家认为，现在的青少年与前辈相比富有个性，他们善于接受新事物，性价值观与父母有很大差别，关键是如何正确、科学地对待青春期遇到的性、恋、生活观等问题，这显得尤为重要。家庭是社会发展的基本单位，来自父母的性健康知识、态度和行为对青少年的性健康至关重要。一些专家建议，学校应以家长会等形式提高家长的性健康知识水平，传授性教育方法和技巧，使他们在参与性教育方面成为负责、合格的家长。

进入青春期后，很多孩子对性并不是很了解，甚至一度很迷茫，这主要是与父母的态度有关，有的父母对孩子的性教育常采取回避和善意哄骗的做法。结果，青少年对性感觉就像隔了一层面纱，非常神秘。

很多青春期孩子的性知识大都来自影视、网络和小说中，但这些媒体的性知识大多只从成人的观点来阐述，不适合青春期孩子。而且，这些知识更多的是诱惑和偏颇，在一定程度上反而起了坏作用。

如果没有足够的了解和防范知识，青少年在现在各种不良环境的刺激下，很容易涉足这一"神秘领域"而提前发生性行为，甚至导致由此引发的其他危险。因此，对于青春期的孩子来说，进行性教育是必须的，这是因为：

一是可以增强性道德观念，在青春期进行性教育，有利于他们增强性道德观念，遵守性爱和性行为的社会道德，以防止早恋、婚前性行为、早孕、性犯罪等问题的发生；二是增强身心健康，青春期的孩子会发生一系列的生理现象：男孩遗精，女孩来月经，伴随着性知识的掌握，使他们能够及时正确处理性生理和性心理问题，从而促进身心健康发展；三是有利于预防疾病，很多疾病是由于不注意性生理和性心理卫生引起的，加强性教育有利于解决性障碍和婚后性疾病的发生。

总之，所有生理正常的青春期孩子都会有原始心理冲动，天生对异性有一种好奇感，应及时给他们普及一些生殖保健方面的知识，加强心理疏导，以避免一些不良问题的发生。那么，他们应该最需要掌握哪些知识呢？

第一，疏导性心理，允许性好奇。性的逐渐成熟和好奇是同时具有的，这就像阻止不了成长一样，只能采用疏导的方法。否则，一味地阻止可能是一种负面的提醒，让孩子过分关注性。

第二，掌握生理知识，青春期孩子要了解和掌握生殖系统的结构和功能，性的发育、月经、遗精等生理现象，提高青少年对性的科学认识，消除神秘感。同时，还要注意性保健，比如，不过分节食，不穿太紧的衣服，摄取足够的营养等。

第三，掌握避孕和紧急避孕知识，万一发生性行为或被强奸，要学会一些避孕的知识，及时处理，以弥补危险进一步发生。

第四，培养性道理，在青春期及时进行性教育，有利于引导青少年遵守性爱、性行为的社会道德，做一个性道德高尚的人。

第五，抵制黄毒，加强性教育，预防犯罪。青春期孩子要远离黄色淫秽读物、音像制品，严禁性解放、性自由的思潮对青少年的诱惑和腐蚀，有效防止青少年性犯罪的发生。

心香一瓣

> 据权威调查结构的全球性状况显示，中国青少年首次接受性教育的平均年龄是13.7岁，在被调查的41个国家中排倒数第七。一些青少年对性还很无知，甚至一些大学生也是如此。其实，并不是不谈性，青少年就不会发生性行为。中国和其他国家的现实情况是，未婚先孕的少女在增长，她们不是了解性太多，而是了解得太少。

控制性的冲动

如今，随着生活水平的不断提高，营养十分丰富，青少年性成熟明显提前，性意识增强，但他们的年龄毕竟未到结婚的年龄，又面临沉重的学业负担，不可能结婚。结婚前的这一阶段叫性等待期，这个时期容易产生性冲动。

一次，一个公安系统的朋友在闲聊中谈到这样一件事：他们在一次执行打击"黄赌毒"专项行动中，发现两个16岁的男孩正在和两个三陪女从事交易，于是把他们带到了派出所。经审问调查，这两个孩子是同班同学，关系挺好。他们的父母都从事经商活动，家境阔绰，对孩子出手大方，一月万余的零花钱，但他们很少过问孩子的学习和生活。

两个孩子的家长去派出所领人时，都没有怎么批评孩子，反而问孩子吓着没有，一再对警方声称"孩大不由娘"，要求警察放人，至于价钱"好商量"。

令警察感觉不可思议的是，这两个青少年对自己的行为不但不忏悔，反而颇有些自得的样子。随着父母得意地走出了派出所。

青少年的教育常常与其所处的家庭环境直接相关。例中的孩子家境富裕，却不能正确利用优越的家庭经济环境。父母在派出所没能对孩子所犯下的错误进行深刻反省，更谈不上批评教育，认为用钱可"通天"、"摆平一切"。所以，两个青少年在人生观和价值观方面存在严重的问题，令人感到可悲。

在生活中，青春期发生性冲动的孩子大有人在，他们总是控制不住，常常发生过度手淫，心里常常自责自己，认为自己很"可耻"，并形成了沉重的心理负担，严重影响了身心健康。手淫虽然是难言之隐，但并非生活中所称的下流，只要决心戒掉手淫，就可以戒除它。

其实，对于一个正常的青春期孩子来说，有性冲动是正常的，没有反而不正常了。所以，青春期孩子万一发生手淫，也不要太自责，这只是性发育成熟的前提而已。青春期性意识的发育可以分为以下四个阶段：

一是疏远异性的阶段，青少年出现第二性征后，意识到两性之间是有差别的，于是不安并羞涩起来，开始对异性敏感、疏远，男女之间泾渭分明，暂时疏远；二是接近异性的阶段，经过一段时间的疏远后，青春期孩子的心理又开始发生了变化，不但注意自己的变化，还注意异性发生的变化，对异性产生一种好奇感，并开始善于在异性面前表现自己；三是眷恋异性的阶段，当对异性感觉向往之后，又转向对个别异性眷恋之中，开始形成"一对一"的交往，当然由于他们心智不成熟，自控力较差，在一定程度上影响学习；四是经过前三阶段之后，青春期孩子开始对异性的爱慕和追求趋向专一化，不过，这时候的感情与成人还不能相比，顶多处于初恋阶段。

青春期孩子性意识经过四个阶段之后，意味着逐步走向成熟。他们渴望了解性知识，并通过各种途径去获取性知识，比如，偷偷阅读带有性描写的文章，偷看带性的录像片等。与此同时，他们会出现性冲动，有心控制却又难以控制，激动、兴奋、不安和自责是他们心理的写照。

在这个过程中，个别青春期孩子开始出现性幻想，社会的道德规范又约束着他们的性行为的发生，也有个别青春期孩子在性冲动中，不断玩弄和刺激生殖器，以获得快感，这就是所谓的自慰行为。适度的性自慰对身心并无大碍，但频繁的性自慰不仅影响正常的学习和休息，还严重影响身心健康。

小铭是一名初三的学生，一天早晨醒来，他发现床单上有一小片白糊糊的黏稠液体，于是感觉自己很脏，趁爸妈还没有发现的时候，他连忙拿卫生纸擦拭干净了。

回到学校后，小铭问班上的好友小路，小路很神秘地笑了。放学后，小路把小明拉到一个网吧，上了一个黄色网站后，赤裸裸的画面让小铭看得惊呆了。此后，放学在家，他每每想起赤裸裸的画面便一个人在屋里偷偷自慰起来。开始，父母还以为他在用功学习，直到有一天，小铭忘了关门，便迫不及待地自慰起来，刚好被推门而入的妈妈看到。

上例小铭的情况或许在很多人身上发生过，包括成人。作为即将踏上社会舞台的青少年来说，应学会对自己负责，学会控制这种性冲动，当然，控制不是压抑，下面的措施有助于青春期孩子控制性冲动：

第一，珍视自己的感情和友谊，青春期男女生在交往的过程中，应珍视双方的感情和友谊，因为它是最纯真的，容不得粗鲁的言行去玷污它，这种好感可以持续很长时间，甚至一生，当条件成熟时，瓜熟蒂落难道不更好？

第二，积极融于集体之中，青春期孩子应多参加一些体育、文娱活动、知识竞赛活动，多观看一些健康的影视节目，特别是与性距离较远或不沾边的节目，如足球赛等，以淡化注意力，转移大脑中枢神经的兴奋中心。

第三，不看低俗刊物，青春期孩子应警惕黄色、淫秽书刊和视频，避免堕入低级趣味之中。不妨多看一些自然科学和有意义的小说。

第四，学会劝导对方，青春期男女在一起相处久了，容易日久生情，一方冲动起来，无法控制自己，另一方应耐心劝导，婉言拒绝。因为人的冲动是受道德约束的，人的意志完全可以战胜人体本能的欲望。

第五，爱护身体，加强自身修养。青春期孩子应正确认识自己身体发生的变化，养成卫生习惯，培养他们具有良好的心理素质和道德修养，懂得自尊、自爱、自重、自强，具有自我控制能力。

心香一瓣

> 青少年的神经发育比其他生殖器官和机能的发育迟，加之其本身阅历浅，思想不成熟，对很多事物缺乏明确的是非观念，理智驾驭不了感情。由于生理上的发育成熟、性冲动的不断增强和心理上的不成熟，青少年自控能力差，如果受到某些外界因素的刺激，就会发生一些鲁莽、反常和越轨的行为。

将精力用在学习上

青少年的主要目的就是学习科学文化知识，以便在以后的社会生活中发挥聪明才智，这样可以避免很多潜在危险的发生。所以，青少年努力学习既是远离危险的需要，也是个人成长的需要。

莉莉10岁左右时，妈妈就让她养成了每天晚上洗下身的习惯。先是妈妈帮着她洗，渐渐地，莉莉就自己洗。开始，她对这个习惯并没有在意，只是把它当作洗脸和刷牙来对待，是每天必做的生活内容。直到十三岁的一天，她来月经了，妈妈对她说："你已经长大了，以后更需要清洗下身。"与以往不同的是，她每次洗下身时，都觉得非常羞涩，而由此引发的另一个坏习惯也是在这个时候养成的。

一天晚饭过后，莉莉端了一盆温水走进卫生间，就在下身接触水的温热的一刹那，莉莉感觉身体一阵发麻，随着手的不断洗搓，自己情不自禁地发出类似满足的声音。正当她陶醉于身体的快感时，突然听到妈妈在背后一声大喊："你在干什么？！"莉莉转过身后，看见妈妈愤怒的眼睛，只觉脑袋"嗡"的一声，瘫坐在地上……

有部分家长说确实想与青春期的孩子沟通一下，但又羞于启齿。可以告诉孩子，在青春期所有人都会做出类似的举动，不要沉迷其中，要培养更多的爱好，多参加有益的活动，并把精力集中到学习上。但大部分的家长发现孩子手淫后，采取的往往是斥责。可这些家长都忘了，自己也有青春年少的时候，控制性冲动，有时连大人们都掌握不好，更别提少不更事的孩子了。从生理角度上看，性冲动不受大脑支配而是由血液中的激素水平所决定的，是一种不以人的意志为转移的自然现象，当它积聚到一定程度就应该有一个合理的宣泄途径。

现在，科技空前发达，人们再也不用过那种天天提心吊胆和茹毛饮血的原始生活了，可以尽享高度发达的精神文明和物质文明。

有人可能会问，我们现在的经济已经大大发展了，是应该好好享受一下生活的时候了。其实不然，这是因为：

一是人类现在已经积累了丰富的知识，据保守估计，我们人类发展到现在，至少已有五六千年的历史，在这个过程中，人类积累了丰富的改造社会和自然的经验，大大提高了劳动的效率，为了让这些宝贵的经验和知识传承下去，就要努力学习前人积累的各种文化知识，以提高改造自然和征服自然的能力；二是人类其实还不强大，对于浩瀚的宇宙来说，人类这点知识相当于九牛一毛，相反，人们现在对自然界有很多的现象还没有搞懂，很多事情还没有解决，人类还处在危险之中；三是这个世界对青少年的诱惑很大，现在外面的诱惑太多了，抵得住这样的诱惑他又会发现其他吸引他的东西，青少年容易迷失自己的人生方向；四是社会竞争的需要，现在这个社会纷繁复杂，是一个信息爆炸的时代，每个人每天耳濡目染接触很多东西，孩子如果不懂得去区分，很容易受到影响，落在别人的后面。

总之，知识是人类进步的源泉，所以青少年学习知识非常重要，那么，青少年如何学习科学文化知识呢？

第一，树立崇高的理想。心有多大，舞台就有多大。青少年只有树立了远大的理想，才能为之努力学习，并逐步实现自己的目标。

第二，提高自己的控制能力。在学习的过程中，青少年会受到来自各方面的压力，所以，青少年一定要提高自己的控制能力，在学习中持之以恒，直至学有所成。

第三，明确学习的目标。青少年平时头脑要清醒，搞清应该做什么，不应该做什么，如果搞不清，应当请教老师和家长，明确学习目的后，自然就能把精力集中在学习上了。

第四，提高学习的兴趣。可以把学习当成一个任务，每天晚上想想第二天要做什么，做好规划，记在本子上，强迫自己完成任务。在这个过程中就慢慢提高了自己的学习兴趣。

心香一瓣

> 我们要了解自己的特点与潜能，了解社会对各种职业的角色期待，从社会需要与自身的实际出发，确立个人的成长目标。青少年时期的主要任务重在知识学习与品德培养。美好目标的实现有赖于良好的生活和学习习惯，让我们自省、自律，养成良好的行为习惯吧！要根据自己的主、客观条件，制订实现理想和目标的具体计划。

第七章 远离走向犯罪深渊的恶习

　　一般来说,青少年犯罪多由于思想不成熟,依附性强,因此,他们喜欢抱团,常常团伙作案。既能分工协作,又能壮胆,他们严重犯罪多,由于思想比较单纯,作案手段往往比较野蛮和凶残,作案不考虑后果。而且,他们作案呈现低龄化、智能化等特点。

远离不良习气

孩子是未成年人，精力旺盛，好奇心强，求知欲强，探索事物奥秘的好胜心强，但对事物本质认识的能力差，根本不拿它当回事，甚至不计后果的去试探。他们一旦沾染赌博、毒品、吸烟等不良习气，就会沉溺其中，给身心健康带来严重危害。

刘小雅今年12岁了，由于爸爸妈妈在远方的城市打工，她平时由爷爷奶奶抚养。就像其他的爷爷奶奶一样，老人对这个孙女十分疼爱，处处关心和保护孩子。在生活中，他们总怕孩子遇着危险，将放学后的孩子天天拴在身边。由于没有父母督促，刘小雅的学习成绩"惨不忍睹"，三门主科每次考试几乎都亮起红灯。

在奶奶的抚养下，刘小雅怠惰、笨拙，浑身脏乎乎的，她的小窝更是乱七八糟，每天由爷爷奶奶进行简单收拾。除了邋遢之外，刘小雅还常常用爸爸妈妈寄来的钱买好吃的，上网，甚至和网吧里几个小混混在一起玩游戏。

一次，老师在大街上看到她竟然吸烟，立刻将她拉到家里，要她奶奶好好看管。她奶奶无奈向老师表示，自己年龄大了，一不注意，孩子就溜出去玩，至于玩什么她就不知道了。

每个孩子的身上都蕴藏着惊人的能量，除了先天的身体缺陷之外，没有谁是天生的优秀，身上的本领都是父母和老师一点一滴地培养起来的。重要的是，要善于发挥自己的主观能动性，使潜能不要永远处于"休眠期"。如果任其自然生长，自身的潜能将一路沉睡下去，永远得不到开发，从而造成终生遗憾。

什么是不良习气？孩子作为未成年人，未成年人的不良行为，是指违德、违纪、违法等越轨行为，也就是说，轻微违法或违背社会公德的行为，还没有到达严重违法犯罪的地步。比如，旷课、扰乱课堂秩序、夜不归宿、携带管制刀具、打架斗殴、辱骂他人、强行向他人索要财物、参与赌博或者变相赌博、观看、收听色情、淫秽的音像制品、读物等，此外，与社会不良青年混在一起、拉帮结派、称兄道弟、惹是生非；抽烟喝酒、挑逗女生、偷拿家中钱财、沉溺于网络不能自拔，等等。

孟子曰："人之所以异于禽兽者几希，庶民去之，君子存之。舜明于庶物，察于人伦，由仁义行，非行仁义也。"意思是说：人不同于禽兽是因为人有"恻隐之心"、"羞恶之心"、"恭敬之心"、"是非之心"、"仁义之心"。但在这个大千世界中，很多人渐渐迷失了，很多人的心灵被禁锢，变成了欲望的奴隶，整日为寻求耳、目、口、身的刺激而丧失了自我。其实，他们失去了真正的快乐，整日沉迷于无尽的欲望之中而无法摆脱。心灵上的空虚使他们萎靡不振，道德上的无知使他们是非不分。

所以，不良习气的渐升，容易导致青少年精神的渐渐沦落，道德的逐渐丧失，使其就像得了重病而急需救治。这是因为：

一是，青少年容易受到诱惑。青少年好奇心强，有一种探索心理，容易受周围孩子不良行为的影响；二是，不良行为容易腐蚀青少年的心灵。青少年的心灵如果被污染了，反映到言行上，就是道德败坏、欲望无尽，似乎失去了智慧，无法明辨是非了，再也看不清事物的本质了，比如，令人揪心是，多少未成年少女背着父母抽烟喝酒，还以为这是时尚；三是，孩子具有好奇心。青少年的很多不良行为，都是受好奇心的驱使，慢慢陷入而不可自持；四是，一些青少年法律意识淡薄，主要是自我放纵和法律观念淡薄，比如生活在无所不有的社会里，天天接触社会上、身边的、耳闻目睹的形形色色的东西，有正面的、有反面的，有正确的、有错误的，有先进的、有落后的，影响着每一个人，聪明的人是取其精华弃其糟粕，成为社会有用的人，愚蠢的人是香臭不分，好坏不分，最终成为社会的罪人；五是，青少年容易忘却学习，物质文明极大丰富，但精神文明却日益贫乏。"聪明"的孩子找到了更好的"发展工具"，却已经迷失了发展的方向——学习。

俗话说，小洞不补大洞吃苦，千里之堤溃于蚁穴。这是一个最通俗的比喻，青少年如果不注意克服不良习惯，不注意克服小毛病，必然会变成大毛病。因为人们行为的发展是一个连续的从量变到质变的过程。青少年的不良行为也是一些不良习惯从轻到重的不断强化的过程，聪明的人就能够自觉抵制不良行为的侵蚀，而意志力薄弱的青少年往往不加辨别地一味去模仿。青少年应如何远离不良习气呢？

第一，认识到酒的危险性。在日常的生活中，父母们免不了要和烟酒打交道，意志不坚强的话，自己很容易受影响。青少年如果事先多了解酒对人的伤害，就比较容易做到远离酒。

第二，要有毅力。远离不良行为是非常困难的事情，青少年一旦有了不良习气，想要克服要靠青少年自身的毅力，当然还得靠父母正面的督促与引导。

第三，要加强荣辱观教育。荣辱观即对光荣和耻辱的根本看法和态度，以及衡量标准，它涵盖了个人、集体、国家三者之间的关系，是世界观、价值观和人生观的具体而生动的体现。青少年要明白什么是真正的荣，什么是真正的耻，进而学会正确控制不良的行为。

第四，增强法律意识。青少年一定要学法、知法、守法，因为只有认识到不良行为与违法犯罪之间并没有不可逾越的鸿沟，仅仅是一步之遥，如果让不良行为任其发展，必然会走上违法犯罪道路。要实施每一个行为时，比如当你举起拳头、抄起家伙的时候，一定要冷静思考，想想是不是违法。

第五，学会拒绝。这是预防和矫治不良行为的良策。不可否认，现在孩子们生活在一个信息爆炸的时代，好的信息有，一些腐朽思想、没落的丑恶现象也同样有，它们侵蚀人们的思想，腐蚀人们的灵魂，严重毒害着青少年的身心健康。

第六，要加强思想道德修养、增强法制意识，提高自身的免疫能力。青少年要分清是与非、分清善与恶，分清美与丑，学会拒绝非法的、丑恶的、不健康的东西，提高自我保护能力。为了应酬要学会拒绝，如果一味拒绝可能会伤感情，最好讲明你的立场，找出合理的拒绝理由，让他们了解你的苦衷，一般情况下他们就不会勉强你了。

不做违法的事情

青少年违法犯罪问题一直是全社会关注的焦点，也是消除社会不稳定的重要因素之一。近年来，青少年违法犯罪呈上升趋势，而且出现了手段成人化、高智商化、年龄低龄化、作案团伙化等新特点，已成为危害社会治安的一个亟待解决的社会问题。因此，有针对性地做好青少年违法犯罪预防、教育和转化工作，具有重要的意义。

有一个离过婚的妈妈，后来重新组建了家庭。可15岁的孩子就是不肯接受他的继父，甚至仇视、对抗，拒绝接受继父为他所做的一切。继父为了打动他，曾用金钱和物质来使孩子接纳自己。孩子把继父当作免费的午餐，挥霍无度，疯狂花钱，然而在心理上还是不接受这个继父。

这位妈妈后来分析过，她再婚时，没有告诉过孩子，孩子一时不能接受，显得十分困惑无助。于是，他学习开始不专心起来，逃课旷课是家常便饭，滥交朋友，花钱无度。闹心的是，他常常离家出走几天，实在没钱再回来拿钱，然后再失踪。最近，这位妈妈听说他经常勒索小同学的钱财，为此感觉很苦恼，如何挽回孩子那颗冰冷的心，如何让孩子重返学习正轨？

似乎成了某种规律，特殊家庭反映一个共同的问题，即一个问题孩子的背后都存在着一个特殊问题的家庭。例中的青少年处于一个单亲家庭之中，平时没有听到妈妈再婚的消息，对妈妈的再婚没有心理准备，认为妈妈抛弃了他。其实，父母也有自己的生活，母亲还是母亲，父亲还是父亲，不必感觉无助、无奈、焦虑、逃避直到旷课、发泄、放荡等。

法律是人类社会的基本规则，触犯了它就等于触犯了社会的底线，将要受到法律的制裁。青少年处于良好的青春期，精力充沛，不断增强新的美好的体验。但他们由于自己的一不小心，便失足、违法，走上了与人生理想相悖的道路。因此，人们对有"前科"的人是挺谨慎的，充满了警惕和防范。

　　青少年犯罪主要以侵财犯罪为主，由于青少年没有劳动收入，又贪图生活享乐，任意挥霍，故青少年犯罪中仍以侵财犯罪为主。问题青少年犯罪的人多，这些人文化素质普遍偏低，厌学或辍学者居多。是什么原因造成他们犯罪呢？

　　一是不良的家庭环境导致子女的人格发育不健全，成为青少年犯罪的客观因素，有的父母离异或早亡；有的父母关系一般或较差、家庭关系不和睦；有的家庭其他成员是罪犯，或者行为品德不端以及酗酒；有的父母态度专横、偏爱过度或者过分干涉，或者是严厉、放任、嫉妒；有的家庭失业、工资收入低；有的家长经常搓麻将、逛舞厅，不仅无暇顾及孩子的学习和生活，更无精力管教孩子，疏于对子女的家教，导致子女放任自流；二是青少年的心理和生理特点影响，青少年的认识能力、辨别是非的能力、抵制不良影响的能力不强，思维容易产生片面性和表面性，不能客观的、理智的对待各种事物和现象，对比较复杂的社会现象难以正确认识，对自己的行为不能作出正确的估价和评断；三是，受社会环境的不良影响，市场经济促进了社会的全面进步，但同时也出现了一些拜金主义、享乐主义、腐朽生活方式的偏激倾向。见利忘义、唯利是图、坑蒙拐骗、以权谋私、权钱交易、贪污受贿等社会不良现象时有发生，对社会风气造成较大的不良影响。青少年正处于人生观、世界观的形成阶段，缺乏社会经验和明辨是非的能力，容易受这种不良风气的影响。

　　总之，未成年人是国家未来的建设者，是中国特色社会主义事业的接班人。关注未成年人的健康成长，加强未成年人的思想道德建设，预防未成年人违法犯罪，是一个世界性的问题，也是一个长期的任务，是学校德育工作的重中之重。那么，青少年应如何预防犯罪呢？

首先，树立正确的人生观和价值观。青少年要树立正确的人生观和价值观，吃苦在前，享受在后，不断提高自己，练好本领，为报效社会打下坚实的基础。

其次，多参加正当的活动。作为社会未来的建设者，青少年除了努力学习之外，还要多参加有益的活动，在活动中，不断使自己受益。

最后，加强道德观念，遵守道德规范和社会公德，形成良好的道德风尚和高尚的道德情操。

心香一瓣

青少年时期是人格形成的重要时期，好奇、敏感、爱冒险、好占上风，喜欢模仿却辨别能力弱，是青少年普遍的心理特性，如果受到不良的刺激，极易导致青少年走上违法犯罪道路。现代社会，多元价值观并存，如何加强对青少年的正确教育，是一个急需关注和重视的社会问题。缺乏良好的家庭教育，是青少年走上违法犯罪道路的主要原因，如果父母感情不好或离异，或家教不当，过度溺爱等都会导致一些青少年形成性格孤僻、缺乏责任感等不正常心态而失足犯罪。

君子爱财，取之有道

金钱本身并没有特别之处，主要是用它的人态度不同，往往结果不同。金钱就像一把双刃剑，它可以使人变成天使，也可以使人变成魔鬼。金钱作为一种价值尺度，拥有金钱是必要的，也是成功的一种标志，关键的问题是"君子爱财，取之有道"。

刘进和闫宝是某中学的两个学生，他俩有个共同点就是都不爱学习。刘进特别钟爱学校附近社区的那个小网吧。刘进在一次上网的时候，碰到了闫宝，两个爱好网游的少年一见如故，惺惺相惜。两人经常待在网吧，很快，将父母给的零花钱花光，最后两人决定出去弄点钱花。他们没有什么技能，认为抢劫是最直接、有效的办法。两人考虑自己未成年，不是成年男子的对手，便把目标锁定在单身女人身上。某个晚上，他们事先预谋，在某小区某单元楼下踩点，时刻等待目标的出现。等了大约半个小时，两人遇到在外面上班的刘女士，一看机会来了，便一拥而上，欲抢刘小姐身上的包。刘小姐死活不松手。刘进立刻来了一个"扫堂腿"，刘小姐顿时扑倒在地，两人顺手抢走了包。

两个少年第一次尝到甜头后，便频频作案。在接下来的一周内，两人便抢劫8次，抢得赃款5000多元，手机等赃物三个。警方接到受害人的报警，连续几个晚上在附近蹲点守候，终于抓住了正欲抢劫的他们。

经警方调查，刘进和闫宝在成长的过程中都深受家人爱护。但是，两个人家境特殊，显得与其他同龄孩子格格不入。刘进是一个婚外子，父母又双双进了监狱,此后,一直由爷爷奶奶负责照看。爷爷奶奶虽然对其关怀备至,但他缺少父母应有的关爱。闫宝的情况也是比较特殊,其父母都是聋哑人,他的出生令哑父哑母高兴万分。哑父哑母考虑到自己是残疾人,便交由他们的爷爷看管。

青少年如果处在缺乏监管的家庭里,就会任其自然,犹如脱缰的野马,火坑敢跳,马蜂窝敢捅,导致"野蛮生长"。一般的青少年都能够做到约束自己,使其避免形成各种缺陷。但在不健全的家庭中,父母对孩子的问题根本无暇顾及。例中的两名青少年,既令人感到愤怒,同时又令人感到痛惜。

不良的社会环境是导致青少年犯罪的重要诱发因素。现在,社会是一个物欲横流的世界,身在其中的孩子不断受到浸染,思想一旦变坏,便一发不可收拾。没有物质基础的他们,不可能老是向父母伸手要。

在这个物欲横流的社会里,金钱是不是万能的,但从大人们的谈话中,孩子已感觉到,没有钱却是万万不能的。但是,有钱人不一定幸福,没钱人也不一定痛苦。

在现在的社会中,处处洋溢着金钱的气息,因为金钱可以买来时尚的产品和同学们羡慕的眼光,不自觉地,青少年就被金钱腐蚀了。

这是因为:

一是变坏比学好容易,变好需要一年,而堕落则三天就足够了;二是没有树立正确的人生观和价值观,一些青少年认为,钱可以驾驭一切,认为学习不好无所谓,长大后还不是照样找工作,慢慢地就放弃了努力学习的念头;三是家庭环境的影响,有的青少年出生在比较富裕的家庭,受其父母影响,养成了金钱至上的观念,自然地,就看不起那些家境差的同学;四是爱慕虚荣,一些青少年受了身边同学的影响,变得虚荣而浮躁,就开始有了"盗窃"的意识。

总之,由于以上的原因,时间长了,就会铤而走险、不择手段地攫取财富。当现实生活物质不能满足他们的时候，便开始"开动脑筋"，拉帮结伙，向无辜的人群下手。当然，并不是说爱财不好，爱自己的财，就是爱父母的血汗钱，有什么不好？要注意取财，如何取？取之有道，如何才能取之有道呢？

第一，练好服务社会的生存本领。青春期其实就是学习期，就是练本领的时期，只有抓好这一段美好时光，练好生存本领，才能服务社会，报答自己的父母。

第二，不妨把贫穷当成一笔财富。青少年其实都是贫穷的，因为自己不创造价值，完全靠父母的供养，才得以维持生命。父母给的这种机会要倍加珍惜，努力而刻苦地学习，用自己的双手去创造未来的生活。

第三，可以培养自己的财富意识，把钱花在刀刃上。父母总会给自己一些财物，重要的是运用好它，要勤俭节约，而不要太贪婪，给家庭和自己造成不必要的经济压力，让有限的财物为自己的学习和必需的生活服务。

第四，直面现实，自己努力改变它。有的青少年家庭可能一贫如洗，但作为前途远大的青少年来说，要勇于接纳自己的出身和家庭，和父母有劲往一处使，以兴旺家庭为己任，不断取得好成绩。

心香一瓣

> 据调查，青少年案犯家庭状况普遍偏差，且多为畸形，有的家庭父母不和，有的父母离异，有的教育不当，管理不善。家庭环境和家长的言行、品行及教育方法，对青少年的心理、品德、爱好和思想的影响至关重要。青少年是一个特殊的社会群体，说他们特殊是因为青少年正处于由未成年到成年的转化过渡时期，他们的思想、行为已由幼年的依赖心理变得相对独立、成熟。但是青少年毕竟缺乏社会经验，正处于心理上的"断乳期"，模仿、独断、叛逆心理悄然而生，如果受到不良环境的熏染，加上教育失当，青少年很容易走上违法犯罪道路。

遵守性道德

人的性要求、性行为是人的生理发育的必然过程，一方面，性是人的生物本能，自然属性，这是同其他动物一样的。另一方面，人是有意识、有智慧的高级动物，要通过社会协作才能够进行有目的的活动。因此，人的性要求、性行为必须通过一定的社会形式、社会规范、遵守一定的行为准则才能进行，要承担一系列的社会责任和义务，要遵守道德和法律。

青春期的到来，让青少年特别关注异性，但如何对待异性，是一个需要认识和提高的过程。一般来说，男生果断而坚强，粗犷而又鲁莽；女生则是心理细腻，时时担忧而又害怕自己做错事，走错路。

实际上，男女生之间，各有优势，互相接近，性格互补，关键是双方要遵守性道德。这是因为：

一是放纵自己容易得艾滋病，当今性病非常流行，这是不讲性道德的结果；二是有一些青少年辨别能力不强，受西方"性开放"观念的影响，提前发生性行为；三是享乐虚荣思想对他们的浸染，有的青少年受电视剧的影响，提前找朋友，涉足感情生活；四是受黄色网站等不良媒介的影响，盲目地接受和模仿。对不健康的东西，没有引起足够的警惕；四是性报复，有的青少年为了获取爱情、财物或打击别人，进行性报复，结果害了别人，也害了自己。

总之，树立正确的性观念是养成良好的性道德的思想基础。只有性观念正确了，才能明辨是非，区分善恶，懂得美丑，才能知道什么可以做，什么不可以做，才可能养成良好的性道德。当然，青春期性道德规范要变成人们的性道德行为是一个逐渐养成的过程。这个过程，正是人的社会化的重要组成部分。那么，青少年应该怎么做呢？

首先，自尊自爱，举止高雅。青少年随着年龄的增长和生理上的急速发育，应该意识到自己在长大，已开始加入到成人的行列中。因而必须注意自己的言行举止、仪表风度，尤其在异性面前，应该文雅、大方、自然，诚恳待人，热情大方。

其次，相互尊重，相互理解。不管是男生，还是女生，各有优势，各有劣势，重要的是优势互补，劣势去除。男女生之间要相互尊重，相互理解，相互关心和帮助。

最后，消除性愚昧，性无知。树立科学而纯洁的性观念，适时适度地接受性知识，学习性知识，了解自己、认识异性，更好地保持自己青春的性纯洁，学会控制自己的言行举止。

心香一瓣

> 爱情是指在一定社会经济文化状态下，两性间以具有共同的生活理想，平等互爱，各自承担相应的义务为前提，以渴求结成终身伴侣为目的，按照一定道德标准自主地结成一种具有排他性和持久性的特殊社会关系。爱情其实不仅仅是两个人的私事，还是以婚姻和家庭为目的，受一定标准约束和规范的社会关系。另外，有了爱情，并不意味着可以有性的行为，性行为必须在缔结婚姻之后。因此，两个人都要学会克制自己的感情，对对方负责。

幸福不能建立在别人的痛苦上

人人都希望自己拥有幸福的生活，过上快乐的日子，但不能为了自己的幸福而给别人带来不幸或者痛苦，因为建立在别人痛苦之上的幸福永远不会是真正的幸福。这里郑重告诫青少年，善待自己善待他人，做任何事都要考虑后果，减少对无辜者的伤害。

社会总有这样一群疯狂的人，他们以别人的灾祸为乐事，把别人的财物当成自己的，六亲不认，麻木不仁，好事不做，坏事做绝……我们把他们称之为"害群之马"。

人们都希望自己过平常而幸福的生活，而对那些把自己的幸福建立在别人痛苦上的恶人深恶痛绝。这些人就像过街老鼠一般，人人喊打，必先除之而后快。所以，青少年不要把自己的幸福和意志强加给别人，将自己的幸福建立在别人的痛苦上。这是因为：

一是别人的权益不容侵犯，每个人都有自己的权益，每当自己行使权益的时候，不应侵犯别人的权益，否则就等于自己欠了别人；二是侵犯别人是一种罪恶，无论你侵犯别人权益时多么高兴，多么自豪，接下来接二连三的错误会让你后悔不迭，很快你就会发现自己，终究要为自己的行为买单；三是侵犯别人是划不来的行为，侵犯别人可能令人沾沾自喜，但周围人一旦知道你的丑行，自己便会叫天天不灵，叫地地不应，处于孤立无援的境地。

因此，建立在别人痛苦上的幸福根本就不是什么幸福，青少年应以此为戒，与之划清是非界限。那么青少年应该如何做才好呢？

首先，改变损人利己的行为。损人利己是不提倡的行为，这样的人必定走不远。众人拾柴火焰高，人与人之间只能合作共赢，互相帮助，才能将事业做得很大。

其次，大家好，才是真的好。在很多事情中，一些青少年认为虽然别人"受了点委屈"，但自己是最大的受益者，便让此种状况维持下去，结果别人痛苦了，自己却经常处于深深自责的心态，很难说得上"真正的幸福"。

最后，变幸灾乐祸为雪中送炭。在生活中，我们自己可能安然无恙，但这种趋势不是永远的，如果不注意"修行"自己，很容易重蹈别人的覆辙。唯有主动帮助别人，救别人于水火，别人才会投桃报李，实现共赢。

心香一瓣

> 金钱的缺乏是囊中羞涩，精神食粮的短少难道不是囊中羞涩吗？可是，人们注重的是物质金钱的享受，对精神食粮的在乎有几分呢？不过，人从来到这个世界，是需要物质世界的填充包裹生存的，也无可厚非。话说回来，外表靓丽光鲜，一张口就让人品出你浅露，你的形象不是大打折扣了吗？物质能包装你的外表，同时不忘装修你的内心，提升你的气质，双头并进，才是双赢！赢自己的充实，赢别人对你的尊重，岂不幸福！

虚荣赔上幸福的代价

虚荣是一件华丽而虚幻的衣服,很多人都喜欢穿上这件衣服面对人群,但却是不真实的,恐怕露出自己内心深处的那个"小"来。所以,虚荣是有害的,却是青少年心理发展过程中不可避免的现象,唯有克服它,才能回到真实的自我。

当然,成人都有强烈的虚荣心,别说青少年了。其实,有了自己的"虚荣心"之后并不是坏事,因为这标志着他们的自我意识在增强,期待展示出自己最美好的一面赢得大家的认可。这种适当的虚荣心有助于自己养成积极进取、勇立潮头的习惯。

人人都有自尊,这是一件好事,但自尊应建立在自身实力相当的前提下,如果靠摆谱、攀比消费就不可取了,那就是虚荣。自尊不可建立在虚荣之上,否则,会对自己以后的做事方式和人生产生不健康的影响。虚荣心过强的孩子会形成自己错误的消费观和人生观,眼中充满物欲,容易走上贪图享乐、撒谎欺诈和违法犯罪的道路。总之,自尊人人都有,要靠自身最可靠最持久的努力和正当的方式来满足。那么,青少年虚荣的原因在哪里呢?

一是家庭环境的影响,其父母平时生活讲究时尚,非名牌不买,非有名不去;二是青少年自身没有计划,自己不能有效安排零花钱,有时买了自己并不需要的东西,常常超支;三是青少年之间的攀比,同学之间常常比着摆阔,看谁的排场大,看谁有面子。

总之,虚荣心有两个副产品,那就是撒谎和欺诈。杜绝虚荣可以使自己诚信，增加信誉。成长中的青少年，要明白这个道理：虚荣是一把双刃剑，对人是有害的，既会伤害别人，也能伤害自己。要想摆脱烦恼，永远快乐，就要彻底摒弃虚荣。那么，如何才能矫正虚荣心理呢？

第一，树立正确的价值观。"鸟美在羽毛，人美在学问"。要想获得真正的尊重不是靠钱来装点"门面"，而是靠能力去获取。所以，青少年应把精力集中到提高自己的本领上去，努力学习，为未来打好人生基础。

第二，正确评价自己。青少年要对自己的优点和缺点有一个客观的认识，既不要过高地估计自己，也不要无视自己的短处。如果青少年能客观地认识自己，就不会认为自己不如他人，或者被人轻视，也能获得心理平衡，不至于用夸张或逃避的方式来保护自尊。

第三，养成节俭的习惯。青少年平时花钱要有计划，够自己所需就行，不跟父母多要，减轻父母的负担，万一透支时自己想办法用劳动挣取，以避免自己形成大手大脚的坏习惯。

第四，把握攀比度。在生活中，青少年无时无刻不在攀比，如比吃、比穿、比用、比分数、比荣誉、比父母、比亲戚、比外表……过分比较往往是虚荣的起点，比过了头，就可能走火入魔，陷入痛苦的境地。因此，青少年应杜绝它。

成功需要展示智慧,而不是力量

每个人都有自己崇高的人生理想,要想实现它,可真不是一件容易的事,除了耗费力量之外,还要展示智慧,有胆有识,不屈不挠,才能胜利。霸王硬上弓,使用蛮力,收效甚微,甚至使自己处于危险之中,而依靠智慧和方法,解决起难题来才能得心应手,水到渠成。

大家都知道项羽这个著名的历史人物,"力拔山兮气盖世"嘛!就这么一个超级大力士,最后江山却被满身匪气的刘邦夺去。可见,做事或实现理想只有力气是远远不够的。

随着年龄的不断增长,青少年力气见长,做什么都想凭力气试一试,这就是所谓的"初生牛犊不怕虎"吧。年轻力壮和血气方刚是人生的一种幸事,但如果凡事凭力气就不可取了。这是因为:

一是拳头并不能解决任何问题,有力气是一件好事,但很多人滥用自己的力气,打架、斗殴等无恶不作,最后都败于自己的身壮无脑;二是武力不能得到人的真心,武力只能使人从表面上屈服,而不是发自内心的心甘情愿;三是复杂的好事物都是智慧的结晶,通常,拳头只能解决一时的问题,而时间一长就不管用了,但智慧可以长时间地发挥效力,可以做出精品来;一个人真正的成才要靠智慧,青少年要想活出真正的价值,就要从小立大志,有了人生理想,才有可能在思想上产生动力,才能有效克服前方道路上的沟沟壑壑。

青少年时期是人生的黄金时期,也是汲取人生智慧、培养能力、提高素质、挖掘内在潜能的最佳时期。总之，掌握智慧对于青少年来说，非常重要。那么，青少年如何才能提高自己的智慧呢？

第一，刻苦学习。一个人不可能随便就获得智慧，而是需要通过认真学习科学文化，从而为自己的人生打下坚实的基础。

第二，学习为人处世的方法。"三人之行，必有我师"。青少年平时虚心听取他人好的意见和建议，不能刚愎自用，自以为是。时刻不要忘了反省自己，及时弥补缺点，纠正错误。

第三，要提高自己的思想觉悟。青少年要有"见贤思齐"之心，要以历史上和现实生活中的优秀的成功人士为榜样。学习他们的为人处世的方法，学习他们勤劳勇敢的精神，学习他们大公无私的品德。

第四，找到解决事情的方法。一个人做事的成功取决于其做人的成功，细节决定成败。因此，只有从大处着眼，从小处着手，在正确方针的指导下，再找到最佳的做事方法，层层落实，步步推进，一以贯之，坚持到底，直至实现最后的目标。

心香一瓣

刘邦做了皇帝以后，在洛阳宫摆设筵席宴请群臣的时候说："我之所以能成功，顺利取得天下，是因为能够知道每个人的特长，并且也懂得如何让他发挥长处。"然后他问韩信对自己的看法。韩信回答说："大王您很清楚自己各方面的才能与长处，我曾经当过项羽的部下一段时间，对于他的性情、作风、才能，了解得比较清楚。项王虽然勇猛善战，一人可以压倒几千人，但是却不知道如何用人，因此一些优秀杰出的贤臣良将虽然在他手下，可惜都没能好好发挥各自的专长。所以项王虽然很勇猛，却只是匹夫之勇，做事不懂得深谋远虑、三思而行。而大王任用贤人勇将，把天下分封给有功劳的将士，使人人心悦诚服。所以天下终将成为大王您的。"

形成自己正确的人生观

人生观，是人们对人生问题的根本看法。主要内容是对人生目的、意义的认识和对人生的态度。错误的人生观将导致人背离人生的正道，走到邪路上去，甚至成为危害社会危害人民的罪人；正确的人生观指引人走人生的正道，用自己的劳动去创造人生业绩，成为一个有益于社会有益于人民的高尚的人。

周末的一天，我陪一个朋友在商业区购物，她准备为自己的女儿买衣服。商业街上人来人往，人流如织，各个商场里更是人满为患。我们逛了一个又一个店铺，在电梯上上下下，下下上上，直转得头晕乎乎的，眼冒金星。经过我们的精心挑选和面红耳赤的砍价，终于为她女儿购买了一件大衣和一条裙子，共花去了800多元。这让我对这个朋友很惊讶，自己平时舍不得吃，舍不得穿，身上的衣服大都是便宜货，而为女儿买衣服没有丝毫的犹豫，哪怕花上几个小时。

在她的身上，我看到了大多数母亲身上的影子，他们都是那种对孩子只讲付出而不求回报的母亲。而身边的孩子似乎心不在焉，极不情愿，多次埋怨母亲还不快走，甚至出现几次粗暴的语言。面对母亲买的新衣服，她似乎没有太领情，轻描淡写的表情，眼睛里不断流露出对母亲的轻视，埋怨母亲没有多买几件。而好友则不声不响地笑着，对女儿的埋怨没有太多的在意。

所谓人生的意义就在于：你赋予它什么意义，它就有什么意义。由于人们的社会实践、生活境遇、文化素养和所受教育的不同，因而形成不同的人生观。例中母亲一味对孩子付出，却听之任之，使得孩子很难体谅母亲的良苦用心，很难形成正确的人生观。

人生没有教科书上的答案，但是你得为之确立一个意义。每个人都应该为自己的人生确立一个意义，为自由而活、为追求知识而活、为人类生活得更加美好而活，这些都是人生积极的意义。大体说来，人生观就是人们对人生价值、人生目的和人生意义的基本看法和态度。透过人生观，可以折射出特定生活情境中的人生关系、人生活动和人生过程。人生观决定了一个人在社会生活实践中做人的基本准则。

健全的人生观就像前进路上的灯塔，当遇到风雨险阻时，让青少年能够勇敢地克服困难，到达成功的彼岸，收获一个愉快而有意义的人生。没有正确的人生观做指导，人生就像在黑夜中赶路，找不到正确的方向。

健全的人生观是能够克服困难、取得成功的基本条件。一个没有健全人生观的孩子在遇到挫折时便会消极厌世，以逃避的态度来掩饰自己的失意。这样的孩子只知道埋怨生活的不公平、命运的坎坷，而不会从另一个角度积极地看问题。因此，正确的人生观对任何人来说，都是非常重要的，这是因为：

一是，正确的人生观可以防止青少年滑向相互攀比的不良风气中。进入青春期之后，各种意识趋于定型，如果没有正确的人生观作支撑，就容易受周围不良风气的影响，而滑入吃喝享乐之中；二是，正确的人生观使孩子专注于自己的人生目标。大一些的孩子一般都有自己的目标意识，正确的人生观可以使孩子忘却各种物质条件的劣势，不怕困难，坚定意志，转而坚定人生目标，将自己的精力集中到学习上来，为以后的人生目标打基础；三是，正确的人生观可以让人保持良好的情商。在正确的人生观的指导下，可以保持积极奋发的乐观精神，在情绪等情商问题上不至于走上歧途；四是现在的孩子生活在一个过度优越的环境里，反而不利于孩子。现在的孩子几乎都是独生子女，如不加以正确引导，极易自我中心充分膨胀，滋生个人主义、小团体主义，而不顾集体、国家的利益。

青少年进入初中以后，便开始有了自己朦胧的人生观，逐渐形成的这种人生观正确与否对孩子来说非常重要。在这个高度文明的社会中，能够诱惑眼球的事物层出不穷，使我们容易出现很多问题。而父母作为和孩子朝夕相处的朋友兼监护人，向孩子灌输正确的人生观，让孩子满怀信心地走在自己的轨道上，作为自己应积极接受。

第一，认识什么是正确的人生观。一个人的人生观是否正确不是自己说了算的，而是需要放到整个社会中去看，符合社会发展要求的人生观就是正确健全的人生观。因为每个人存在和生活的意义都需要通过社会才能体现出来。

第二，生命的价值在于过程。现在很多青少年缺乏正确的人生观教育，轻言生死，认为人生毫无意义，活着没有任何价值，因此一味沉迷于享乐。这些都是典型的消极人生观的体现。正确的做法是应当忽略结果，重视过程，生命的意义在于不懈地追求，人生的价值并不是由结果来体现的。

第三，理论联系实际。青少年通过接受教育，就能为形成正确的人生观奠定正确的理论基础。紧张学习之余，可与父母一起看看电视、读读报纸，既能了解国家大事，调节紧张的学习情绪，又能其乐融融，一起讨论报刊、电视报道的典型事例，帮助自己加深体悟，树立正确的人生价值取向。古今中外很多成功人士都拥有为社会作贡献的积极人生观，可以要求父母多给自己讲述些名人和成功人士的人生观，激励自己向他们学习，并结合自己的知识水平和生活经验，形成适应这个时代的正确人生观。

第四，要培养自己的刻苦精神。努力实现社会价值和自我价值的统一。一般来说，人生价值包括两个方面：一是个人对社会的责任和贡献；二是社会对个人需要的尊重和满足。前者体现了个人行为对社会和他人的意义，称为人生的社会价值；后者体现了社会对个体存在和个体对自身存在的意义，称为人生的自我价值。

第五，培养乐观积极的人生态度。具备一个乐观积极的态度有利于树立起健全的人生观。乐观地看待困难和挫折，本身就是健康人生观的一种表现，同时这种品质还会让青少年更容易关注他人和社会的需求，从内心确立强烈的责任感。

第八章 禁止参加不安全的活动

　　青少年喜欢参与一些活动是可以理解的，也是必需的。在学校，青少年常常参加一些社会实践活动和自行组织一些玩乐的活动，这些活动并不能确保绝对安全，稍不注意，就可能发生易燃、易爆、有毒等有害的物质，或遭遇恶劣的天气，就可能发生或大或小的安全事故，而造成不必要的人员伤亡。

不宜去偏僻的地方

青少年是发育、生长的重要阶段,阅历少,思想单纯、不成熟,对一些潜在的危险缺乏预见力。在一些偏僻地段,往往是一些不法分子和亡命之徒进行犯罪的地方。因此,青少年要注意一些犄角旮旯的地方,尽量少停留,要具备一些防范意识。

什么是偏僻的地方?就是远离公寓或住宅区并且比较偏僻荒凉的地方,比如,荒无人烟的蔓草处、远离村庄的树林、山上和墓地等。这些地方很少有人来,往往潜藏着不为不知的危险。这是因为:

一是偏僻的地方发生一些事情没有人知道,由于附近没有居民,发生一些打斗之类的事情不容易被人发现。二是偏僻的地方往往是一些坏人的藏身之地,不管是路旁角落、树丛或是任何阴森可怕的地方,能不去就不去,因为坏人很有可能就躲藏在里面。

那么,青少年平时应该怎么样做呢?

第一,不要单独去偏僻的地方,这对女同学来说尤其重要。如果别的同学或其他人让你去偏僻的地方玩,这时,自己要有所警惕,所谓精彩好玩的地方不过是诱饵,千万不要上当。即使是同性的陌生人以各种名义,让你陪她玩或者购物,都不要答应。

第二,告知父母或与父母同行,青少年非得去偏僻的地方时,最好让父母陪同,或者先告诉父母自己去哪里,大约何时回来,与谁在一起,联系方法是什么,这样让父母放心。

第三，尽可能结伴而行。去偏僻的地方，尽量与几个关系要好的同学一块同行。

第四，夜晚单独外出，走夜路时，一定要昂首挺胸，抖擞精神，要让企图袭击你的人望而却步。最好带上手电筒、哨子、报警器等物品，万一被袭击时，可用手电照射匪徒面部，吹哨求救等。

第五，晚上如何面对车流？在僻静的马路上，面对车流行走，不背对车流，以免有人停车袭击。

第六，女孩子打扮要适度。青春期女生已经有了强烈的审美意识，非常在意穿着、打扮。其实打扮无可厚非，但要适度，不要过于招摇，如果不符合年龄的出众打扮，会让那些无耻之徒因受到了感官刺激，而引发了他们的骚扰动机，因此青少年一定要树立正确的审美观和安全意识。

青少年都想平平安安，但和坏人生活在一个世界中，有时候不可避免地狭路相逢，这时怎么办？方法如下：

第一，要学会躲避和求助。如果遇到有人不怀好意地想触摸或者强行搂抱、亲吻自己时，要及时躲避，并想办法及时告诉老师或者家长。如果当时地点比较偏僻，且身边没有家人的情况下，要大声呼救，以寻求附近人的帮助。千万不要因为害怕、害羞而沉默，要及时寻求他人的支援和帮助。

第二，当场义正词严地制止坏人。当你受到坏人的侵害时，要勇敢地斗争反抗，当面制止，绝不能让对方觉得你软弱可欺。你可以大喝一声："住手！想干什么？""要什么流氓？"从而达到以正压邪、震慑坏人的目的。

第三，危险时要紧急求援。当自己无法摆脱坏人的挑衅、纠缠、侮辱和围困时，立即通过呼喊、打电话、递条子等适当办法发出信号，以求民警、解放军、老师、家长及群众前来解救。

第四，虚张声势，巧妙周旋。当自己处于不利的情况下，可故意张扬有自己的亲友或同学马上出现或就在附近，以壮声势；或以巧妙的办法迷惑对方，拖延时间，稳住对方，等待并抓住有利时机，不让坏人的企图得逞。

第五，主动避开，脱离危险。明知坏人是针对你而来，你又无法制伏他时，应主动避开，让坏人扑空，脱离危险，转移到安全的地带。

第六，对方抢劫怎么办？中小学生遇到抢劫时，应以保护自身生命和安全为首要原则，不要过多地顾及财物。不到万不得已，不要硬拼，避免造成更大的损失。关键时应大声呼救，及时报警。

第七，选择报警。如果有机会报警时，尽量明确地告知出事的地点、坏人的人数，是否有武器和交通工具的种类等细节，还要留下联系办法。

心香一瓣

> 一般来说，偏僻的地方荒凉，天高皇帝远，是大家少去的地方，也是坏人停留、做坏事的聚集地，很多犯罪案例都在这里发生。

攀岩要量力而行

攀岩是一项具有一定危险性的运动，但也是一项锻炼人的运动，可以在其安全的范围内进行。如果配以合适的装备，再加上质量过硬的攀岩工具，就能充分享受这项运动所带来的快乐。按"壁虎们"的话说，玩的就是心跳，正满足了青春期孩子的猎奇心理，如果在提高自身安全意识，保障安全的前提下，攀岩也不失一项有乐趣的活动。

需要一定的身体素质，才能完成攀岩这一高难度的活动。这是因为：

一是攀岩者在攀爬的过程中，需要一定的臂力和手指的力量；二是需要专业的操作，攀岩运动要求正确的操作和技巧，才能把保护作用发挥到最大；三是攀岩需要专业的装备，比如攀岩者需要穿专业的攀岩鞋，质量过硬的头盔，和预防手滑的镁粉。

所以，对于不经常锻炼的青少年来说，攀岩真是一件难度很高的运动。如果你的兴致非常高涨，非要进行这一带有潜在危险的高难度的动作时，可以先达到以下条件再进行攀岩运动。

一是要锻炼指力，因为攀岩不是站立，而是爬，爬就要用手，手就要有很好的指力，这样才能协调身体平衡；二是要锻炼全身的力量，要加强强身健身的训练，以肌肉质量达到最大的力量能量协调性，这样才能准确调动身体各部位力量并合理运用，静态平衡和动态平衡，有利于攀爬；三是身体过于孱弱的青少年要想参加攀岩运动，必须先使身体强健起来，因为在攀岩训练的过程中会对身体造成不可预知的伤害。

总之，正确的指力训练可以加强身体的控制和协调能力，但青少年毕竟未发育成熟，对一些潜在的危险认识不足，在攀岩的过程中，还要注意以下事项：

第一，要选用合格的攀岩装备。只有质量有保证的正规产品才能提供足够的承受力和抗冲击力，尽量选择口碑较好的质量过硬的产品，比如，专业的攀岩鞋摩擦力较大，可以节省体力等。

第二，要正确操作。对攀岩装备的正确操作才能将其保护作用发挥到最大。对攀岩绳、下降器和保护器，必须经过严格的培训和实践操作。

第三，攀岩前，要提前规划"爬程"。攀岩前应仔细观察岩点，选好路线，可以节省体力并提高攀岩的速度。

第四，学会保持平衡。上了岩壁，你要做的第一件事是保持平衡，而不是向上爬，这是不掉下来的必要条件。休息时，可选择在一些大的把手点休息。

第五，攀岩时，要注意动作的连贯性和节奏性，争取一连串的动作自然完成。

第六，下降时，要面向岩壁，四肢伸开，这样就不会直接撞击在岩壁上。

心香一瓣

攀岩运动首先做的就是保护自己的安全，否则，不仅体会不到刺激性，而且化喜剧为悲剧。在攀岩的过程中，要善于利用地形、地物，用绳索把自己、固定物和固定点连接起来。可采用坐式或立式两种姿势。一般保护又分为上方保护和下方保护：上方保护指保护绳索通过被保护者上方的固定物或固定点，保护者在下方进行保护；或保护者在被保护者的上方直接进行保护。下方保护指保护绳索通过被保护者下方固定物或固定点进行的保护。

蹦极要注意的问题

蹦极是一项新兴刺激的户外休闲活动，但也是一项危险的活动。蹦极造成的大量伤亡事故说明，在世界范围内还没有出台一个蹦极的安全标准。因此，蹦极运动必须有精细的准备和严格的管理。青少年玩蹦极更要慎之又慎。

蹦极是一项危险的活动，尽管如此也遮挡不住它的无穷魅力，蹦极在世界各地迅速流行。几乎每个旅游胜地都有吸引年轻人和冒险者的蹦极运动。你只需要交钱就可以参加。蹦极造成的大量伤亡事故说明，在世界范围内还没有出台一个蹦极的安全标准。因此，在安全意识较强的地区，你的付出会得到相当的回报。

有信誉的蹦极俱乐部应努力降低危险的可能性。但是最主要的蹦极事故还是由于人为因素造成的。2001年6月，法国的一个年轻女性在蹦极中死亡，她的朋友受伤。事故原因是因为蹦极组织者没有能够在两个人同时跳时增加一条弹力绳，仅有的一根绳索断裂，该女子被摔死。

一般来说，跳跃者站在约40米以上高度的位置上，把一端固定的一根长长的橡皮绳绑在踝关节处然后两臂伸开，双腿并拢，头朝下跳下去。

这个过程是这样的，人体落到离地面一定距离时，橡皮绳被拉开、绷紧、阻止人体继续下落，当到达最低点时橡皮绳再次弹起，人被拉起，随后，又落下，这样反复多次直到橡皮绳的弹性消失为止，这就是蹦极的全过程。

对青少年来说，蹦极运动不仅使人开心愉快，而且锻炼了胆量，增强了在生活中战胜困难的信心。但它毕竟是一项富于挑战的极限运动，对身体素质要求较高，稍有闪失就容易发生伤亡事故或对自己造成一定的不良影响。这是因为：

一是蹦极给人带来巨大恐惧感，毕竟青少年的心理和生理正处于快速发育之中，蹦极时的高度和速度给人带来极大的恐惧感，一些患有恐高症或患有先天性心脏病的青少年容易发生危险；二是容易造成视网膜脱落而导致失明，在失重状态下，一些青少年近视患者的眼轴拉长，眼内玻璃体液化，对视网膜的支撑作用减弱。在"蹦极"失重状态下，有可能造成视网膜脱落，继而导致失明；三是存在潜在的伤亡风险，由于各种原因，蹦极活动的举办者总是由于这样或那样的原因，而导致蹦极者发生一些伤亡事故，因此，蹦极者一定要掌握要领。

总之，蹦极刺激但有风险，需要人们慎之又慎，具体如何做呢？

第一，深度近视、高血压（青少年患者极少）和具有心脑血管疾病的青少年不宜参加蹦极运动，前面说过，深度近视的青少年在失重状态下容易造成视网膜脱落，高血压和心脏病患者容易引发猝死或中风，所以不要冒此风险而置生命健康不顾。

第二，蹦极活动前，做一些准备运动，充分活动身体各部位，保持身体的柔韧性和灵活性，以防扭伤或拉伤。

第三，掌握一些必要的蹦极要领。在空中要注意控制绳索。蹦极运动中，不要让脖子或胳膊被弹索卷到。确保绳子垂下去的方式能够让你安全弹跳，如果绳子被钩住或缠在一起的话，你就有可能受伤。

第四，着装简单且不穿过于宽大的衣服。过于宽大的衣服容易兜风，影响蹦极中的刺激感觉，另一方面，容易使身体走光。

第五，蹦极运动不宜两人同时进行。有些双人式蹦极，两人在狭小的空间内不受控制地上下弹跳，他们可能撞到对方，绳子也可能绞在一起。

除非非常有经验,并且蹦极者之间的空间也足够大,否则应避免这种危险的方式。

第六,寻找一家合法经营的蹦极活动的组织者。蹦极教练要有资格、有常识并有经验。许多急功近利的组织者根本就缺少经验,设备也不完善,容易发生伤亡事故。

第七,蹦极前不要饮酒。饮酒后不要参加蹦极活动。酒精不仅会损害人的判断力,还会使人急于冒险,并且不太在意安全措施。

第八,蹦极应在气候温暖、阳光灿烂的旅游点举行。最好在早晨,否则,绳子完全处于阳光暴晒和高温之中,绳子会因紫外线辐射缩短使用寿命,因而容易发生不可预知的事情。

心香一瓣

> 蹦极时以较高的速度做自由落体运动,这是最恐怖、最惊险且最刺激的感觉,就好比是向死亡之神挑战。为了保证青少年的身心健康,青少年不宜玩成人蹦极。有关蹦极的事故很多,跳之前要确保所有的设备都完善并安装妥当,比如:牢牢地系好绳子,有时绳子看起来系好了,但实际上却没有系好;控制好绳子,避免绳子绕脖;参加保险,既然是一项运动,就要参加相关保险。

不爬荒无人烟的山

青少年喜欢走没有人走过的山路，以满足自己猎奇的心理。但荒山情况复杂，没有经过开发，极易发生危险。在现实中，很多人盲目登荒山，却常常被困在山上，甚至发生不可预测的伤亡事故。

暑假期间，侯凤波、王亚林和刘晓旭等三位同学一起外出野游。来到了美丽的大山，面对如此美景，他们感到空前的自由和欣喜，于是向前不断探索更美的地方。就这样，三个孩子在大山里越走越深，渐渐地，分不清东南西北了。几个小时过后，天色越来越晚，夜幕渐渐降临了，远处的鸟鸣和类似野兽的叫声，不断拉扯着他们的神经。但三个人依旧在寻找着路途，可眼前除了一望无际的山林和四周的大山外，一无所有。虽然他们带着手机，但山里连一点微弱的信号都没有。这时，三个人的心里空前慌张起来，不巧的是，天又下起雨来，他们三个感到又湿又冷，三个人在泥泞的山路中不知挣扎了多久，遇到前面有一个山洞，他们不管里面有没有毒蛇，便直接走进去避雨。这时的他们又冷又湿又饿。由于奔波了一整天，三人一会儿就在山洞里睡着了。

等到他们醒来的时候，已是第二天的早晨，这时雨已经停了，他们凭记忆，寻找来时的道路，可转来转去，下午又回到了原地。就在他们束手无策时，他们突然想起学校老师讲过的野外生存求救的办法，三个人捡了一些相对干燥的松树枝，用打火机打着了火，同时把一些湿的树枝盖在上面，顿时，白色的烟雾向上升腾。他们连着两天用这种办法求救，终于被救援的人发现，脱离了险境。

有的青少年就是这样一群人，他们喜欢追求刺激，放着好好的道路不走，非要走荒山上的羊肠小道，结果很多人发生了危险。爬荒山为什么会发生危险呢？这是因为：

一是山况难料，荒山大多未经过开发，有的地形陡峭，有的地形打滑，有的山上碎石块很多……这些复杂的山况容易诱发危险；二是青少年阅历不深，心理不成熟，作了错误选择，青少年常常眼高手低，导致轻估了山的危险性，盲目爬山，而导致危险；三是准备不足，上山前没有带必备的冲锋衣、登山靴、指南针、地图等专业设备，导致遇到问题而无法处理；四是没有观察天气，出发前没有看天气预报，盲目登山，中途却下起了雨，使山路变滑，增加了爬山的危险系数；五是山中信号不好，不容易联系外面的人员；五是山况不熟悉，容易迷路。

或许，青少年习惯了城市的喧嚣，一遇到巍峨而寂静的大山而欢呼雀跃，但荒山是无情的，青少年稍不注意就被它折磨得够呛，甚至为之丢掉生命。因此，在假期里，青少年外出旅游时，安全问题不可忽略。具体如何做呢？

第一，做好充分准备。爬山前，应带上冲锋衣、登山靴、指南针、地图等专业设备，以实现快速而高效地爬山。

第二，提前看天气预报，出发前要看好天气预报，警惕在山腰中发生雷雨天气，以减少灾难的发生。

第三，在陡坡行走时，最好采取"之"字形路线攀登。如遇险情，应及时报警。

第四，发现危急情况，打120急救电话，等急救车的到来。

心香一瓣

近年来,在荒山野岭发生的事故屡见不鲜,有的青少年在荒山上失踪,有的青少年在荒山上迷路,有的青少年在荒山上被困,有的青少年在荒山上遇害……荒山远比它的模样让人感到诡秘,除非有组织有计划地前往,个人或三五个人不要心血来潮而前往,以防发生不测。

不探没有把握的险

青春期是冒险行为的高发期，因为青少年身体各器官发育呈现蒸蒸日上的态势，他们耳聪目明，反应机敏，热衷于冒险，这是他们心智成长的一部分。重要的是，不冒无谓的险，要防其意外伤害。比如，车祸、恶作剧等。

某中学的马义和郑浩既是邻居，又是同班同学。他们两个的家都在一个公园附近。在一次周末，两个人发现了一个秘密：早晨游玩，不用门票。一次周末，他们两个早早地溜到了公园内的小湖边。他们脱下衣服，一头扎进湖中。开始，他们游得非常高兴，可游着游着，处在深水区的郑浩大声说自己腿抽筋了，不到一分钟，就沉进了湖里。在浅水区的马义一下子慌了，立即大喊起来，附近参加锻炼的一个中年人立刻跑过来，循着马义指的方向，在湖里找到了郑浩，立刻把他救了起来。后来，公园给湖周围加了栅栏，并警示单独的未成年人禁止入内。

我们都知道，冒险行为是一种可贵的精神，正因为冒险，人类才克服了一个又一个难关，攻克了一个又一个技术难题，大大推进了社会发展。这无疑是有益的冒险行为，应该值得提倡的冒险行为。但青少年常常把整个生活当作了冒险运动，他们总是在惊险的一幕幕中生活着，直到有一天他们过于大意，或伤或亡，留下了一辈子难以磨灭的伤疤。这是因为：

一是青少年对风险的把握性弱，一般说来，他们的大脑兴奋性强，自我控制力较弱，容易产生独立叛逆的念头。做事时，不能作出正确即客观理性的判断，从而导致一幕幕的悲剧发生；二是出于对"自我角色"体验的需要，他们为了寻求刺激，总希望获得与"自己"有关的新异刺激。危险游戏等"问题行为"，就在体验中发生了，比如美国两名年轻人玩危险游戏而丧命，警方怀疑他们故意切断大脑的血液输送，以图在大脑因短暂缺氧而产生的"轰鸣"中得到刺激；三是在一些活动中，他们往往准备不足，并热衷于临时冒险，而容易导致一些伤亡事故的发生；四是由于青少年的冒险行为，一些事情常被他们搞砸，浪费了物力财力。

总之，青少年的身心都不成熟，探险是不利于青少年身心发展的，一旦失手一切都完了。十二三岁孩子的自我保护意识毕竟还不是很强，要想保证自己的安全，自我约束的安全教育才是最重要的。

青少年在生活中冒险是危险的，但对一些事情却是有益的。比如，对于"有着积极可贵的勇敢精神的'自我成长'型冒险"就有利于自身的成长，既可培养勇敢精神，又有利于探索新的难题，这是必要的人生锻炼。那么如何既能参与冒险活动，而又能规避其风险呢？

首先，冒险不要为了寻求刺激。在一些事情中，如果是为了寻求刺激而冒险，就无异于玩命了。对于吸毒、酗酒、抽烟、打架斗殴，以及进行其他无保护性的"问题行为"，需要加强防范。青少年应把精力用在与学习或工作有关的冒险上，既可以培养其冒险精神，又促进他们的工作，这是有益的冒险。

其次，三思而行。青少年做事的过程中，要多加考虑一下事情的可行性，就不会贸然去做，这样可以避免很多损失。

最后，对一些所谓的"探险"活动，应持否定态度，不应倡导，还是不要去做的好。比如，在一些未开发的山脉中探险，无异于自讨苦吃，应该交给专业人员勘探开发之后再进行，岂不更好？

心香一瓣

青少年天生爱冒险，但要注意，不要冒无谓的险。英国伦敦大学的一项研究证明了这一点：研究人员将86名9岁至35岁之间的男性玩电脑游戏的体验加以比较。结果表明，青少年组在"幸运脱险"的境遇中，比其他年龄段的人，感受到了更大的愉悦。随着年龄增长，各种风险行为不断出现，并在青少年时期达到顶峰。而最高风险行为，多见于14岁左右的青少年。

野游要做好充分的准备

青少年渴望自由，在城里待得久了，便想出去野游。在野外，获得心灵的自由后，却没有意识到各种问题的发生，而且一些潜在的危险也在逼近，孩子却浑然不知。所以，野游毕竟不如家里，那里潜藏着各种各样的隐患，需要高度提防。

去年6月19日，天津某中学6位学生参加完高考后，结伴来到北京放松。事先，他们在网上查阅了相关的野游线路后，于19日中午来到卧虎山长城。他们爬了一下午的山，见山上景色非常优美，流连忘返，不知不觉中天色晚了下来。于是，几个人急匆匆地下山，谁知，竟找不到上山时的路了，眼看天黑了，又阴沉沉的，有下大雨的迹象。

好在，手机还有信号，他们连忙报了警。接警后的密云警察立即发动警力搜寻。经过与报警人电话联系，确定周边地理位置后，值班所长带领两名体力较好的年轻民警，携带装备赶赴卧虎山，民警还联系了山脚下村子里几名熟悉山路的村民，协助搜救。

搜救队到达后，天完全黑了下来，民警通过电话告诉求助者，找安全地方休息，等待救援。搜救队随后进山，经一小时左右的搜索，迷路的6个中学生游客终于被找到。

在城市里待得久了，很多人每天外出离开市区到近郊野游，现在，人们野游的范围在不断扩大，或向偏远地区野游。人们野游的目的就是想改变一下生活环境和节奏，享受旷野的骄阳和清新的空气以及田园风光，以

利身体的休息。但很多青少年纯粹是为了心灵的自由才野游,不知道前方存在的危险。这是因为:

一是不知地形的复杂性,在野外,泥土的干硬程度、位置高低、潜在的犯罪分子和一些有毒的动植物,正在等待着你去"上钩";二是事件的偶然性,在路上,也有可能会发生各种各样的事情,比如打架或车祸;三是天气情况,在外面不同家里,气温是变化的,稍不注意,轻者感冒,重者中暑等都会发生;四是适应性,在野外,你可能有各种不适应,鞋子、上下衣和水源等;五是吃饭,野外不像城市,有菜市场,吃饭这个事就比较麻烦。除了以上原因,你没有农夫有经验,没有工具,很被动。

当然,野游也是必需的,有利于缓解自己的都市紧张情绪,重要的是准备。成功是留给有准备的人的。那么,青少年野游前,应如何准备呢?

首先,出游前要带好所需的工具,如望远镜,帐篷,铲子,衣服,一些食物,饮料,以及驱蚊药、止泻药和止痛药都是必备的。

其次,要结伴而行,通常,野外面积较大,往往林中无明显标志物。因此进入森林时一定要结伴而行, 并请向导引路,不要过分深入丛林。穿越森林过程中注意留意路边的一些自然标志物,像古树、泉水、河流、怪石等。万一迷路时不要慌乱,可以按照这些标志物慢慢找到来时的路。

第三,防止各种意外。第一项里面说了,要带各种物质,以防骨折、被咬伤和中毒后,有法应对。

第四,掌握一些野外生存的知识。比如,遇上雷雨时,要知道可以尽量躲在山洞里面,而不要躲在山坡的空旷处。中午可以通过太阳辨别方向,等等。

第五,不私自去一些禁地,比如沼泽、池塘等,以避免溺水事件的发生。

心香一瓣

一般来说,我们习惯了人类群居的安定生活,野游意味着我们要向大自然挑战,而大自然本来是动植物们的天下(野兽、有害的小虫和植物……)。因此,在野游的过程中,首先要克服地形地貌带来的问题,还要防止野兽、小动物和有毒植物的侵害,遇到的问题和危险就相应的多。

不突然进行长距离锻炼

跑步是人类最原始、最基础的运动，就这个运动对青少年来说变成了陌生运动，因为中小学就没有中长跑这一项目。现在，由于长跑引起的猝死事件时有发生，给社会和家庭造成了严重的损失。作为一项基础而原始的运动，青少年进行中长跑体育锻炼是必需的。

2012年11月13日，洛阳栾川县一中高二年级十六班花季少年李东珏，在一次课外跑操后，突然死亡；2012年11月27日，东华大学松江校区内，一名大三男生在跑完1000米体质测试后突然晕倒。经急救无效，男生于中午不幸离世……近年来，由于"跑步死"的青少年屡见报端，鉴于此，教育部门取消了跑步项目。

其实，跑步具有很大的好处，它不像其他运动那样需要特殊的场地，而且，它对人的心血管及心肺的功能有益，对生长发育有良好的促进作用。也可以培养其坚忍的耐力和毅力。可以使他们的精神得以调节，使其更加精力充沛、朝气蓬勃。

近十多年来，我国学生的体质不断下滑，在中长跑经常发生这样或那样的问题，迫使很多学校都取消了中长跑这一比赛项目。学生在中长跑中猝死，与中长跑项目没有关系，主要跟青少年平时锻炼不足或不科学有很大的关系。

这是因为：

一是，现在生活水平不断提高，科技的不断发达，人从繁重的体力劳动中脱离了出来，很多人也从中长跑中脱离了出来；二是，青少年重学习、轻体育，平时锻炼不够，在学校里，青少年非常注重功课的学习，而忽视身体的锻炼，长此以往，青少年由于得不到充足的锻炼而积劳成疾；三是由于一些跑步突发事故的影响，很多学校取消了中长跑，学生在学校里很少跑步，影响了体质的锻炼；四是家庭的溺爱，现在的家庭生活越来越富裕了，学生们变得不愿意吃苦了，也是一大原因。

因此，进行中长跑也是必需的，这有利于增强学生体质，磨炼孩子意志。所以，平时应加强长跑锻炼。这样，有强健的身体，才有提高本领，服务国家的前提。具体这样做：

首先，科学锻炼。跑步前，做好充足的准备，最好先喝一杯温开水，以补充水分，增加血流速度。出门前，还要排空大小便，为身体减负，并搓揉双手及头面部，以增加这些部位的血液循环，并将四肢、胸、背、腹、腰、踝等部位充分活动开，比如做操或小步慢跑。并选用松软舒适的跑鞋。

其次，循序渐进。开始接触长跑运动的青少年，开始应以1至2公里的慢跑路程开始入门，以身体各项功能指标正常为前提，每周增长或每月适当增长里程。

第三，跑步不要争强好胜。在长跑过程中，要以"舒适感"为前提进行运动。在力量、心肺等功能及自我承受能力有一定提高后，再在此基础上进行"自我极限突破"。没有经过长时间的锻炼积累，突然参与长跑运动，又在此过程中没有科学地控制跑步速度是最危险的。

第四，注意交通安全。在马路上长跑要注意交通安全，并保持肢体活动协调平稳。

第五，跑后放松。跑后不要马上停下来，继续走三到五分钟，等到全身放松，而且要及时做拉伸运动将身体的韧带拉开，而且必须保持一定的时间，长期坚持会对身体素质的提高有很大帮助。

第六，注意事项。不宜在烟雾多空气质量不好的场所长跑，以免引发急性支气管炎，肺炎，哮喘等呼吸系统疾病。不宜张口呼吸，以避免冷空气直接大量吸入而造成对气管、支气管的刺激。不宜在长跑过程中穿得太厚、太臃肿，妨碍身体的运动，加重身体的负担，以免风寒趁浑身毛孔大张之时，侵入体内招致感冒等疾病。不宜在大风、大寒、大雪、大雾中锻炼，以免发生危险，这一点对于体质较弱的人尤其重要。不宜到偏僻或罕有人的地方锻炼，以免出现意外时无人救助。不宜在运动后立即喝水、进食，停止运动20~30分钟后，可适当饮用淡盐水或温开水，以补充身体因运动而失去的水分和盐分。有潜藏疾病者和平时没有体育锻炼者不要参加中长跑运动。

心香一瓣

跑步对人的益处很大，既可以让人保持健美的体型，又可以调节神经系统，有助于舒缓压力，加速血液循环，加强器官功能，促进新陈代谢。此外，跑步贵在坚持，但也要注意安全，不去人烟稀少的地方，还应根据自己的身体状况选择相应的锻炼强度，并在大型活动中注意检查身体。

划船要小心

划船是一项非常有趣的活动，因为在水上，所以同时也是一项有潜在危险的运动。在陆地待久了的青少年，对划船有一种神秘的向往感，却意识不到划船潜在的危险性。很多人没有正确的划船意识，导致一些伤亡事故的发生，给自身和家属造成严重的伤害。

在一次中考过后，上海玉华中学初三九班的21名学生在老师的带领下，去世纪公园集体活动。到了上午9点多，有一部分同学乘上4艘自动划船准备游玩沙家浜。他们按照世纪公园的规定，领取了救生衣。开始，有几个男同学玩得不过瘾，嫌救生衣麻烦、碍事，于是纷纷把救生衣给脱掉了。到了河中后，几个男生开始在船上打闹、嬉戏，相应地，船身也晃动得厉害。突然，有一名男生没有站稳，掉到了河里，船上仅有的一名会游泳的学生迅即跳进河里想去救他，但没有找到他。接着，公园保安、民警和消防队员也先后到水中打捞，但当把落水的男生打捞上来时，早已死亡。

在现在社会的快节奏下，每个人似乎都有很大的压力需要释放，划船就是一项不错的选择。很多很少接触过水的孩子对划船都有一种着迷一般的热爱，他们有时宁愿瞒着家长，来到公园，来湖里划船。

孩子需要一定的自由，划船似乎无可厚非，但孩子是花朵，如果不注意，他们还没有开放就意外凋落，从此他们的家庭少了希望。现在，意外伤害已成为青少年的头号杀手，划船安全的警钟应该时时敲响。这是因为：

一是孩子划船就是玩，在玩的过程中，离不了嬉戏，嬉戏常使孩子转移操作船只的注意力，而使自己失去重心落入湖中；二是两三个孩子独自划船，一些年龄较小的青少年划船时，没有成年人陪伴，几个人甚至超重，容易发生船翻人落的事故；三是划船的人集中在船的一侧，容易发生侧翻。

总之，青少年的安全是一个长期的工作，尤其在寒暑假中，家长管教不严，监督不到位，孩子就可能溜出家门去划船。但却常常出现各种各样的问题。家长、老师、孩子自己、我们每一个人都应该警惕，让悲剧少些再少些。那么，青少年们应该怎么做呢？

首先，严格按照划船规则划船。青少年划船时要严格按照景区的要求，听从指挥，穿上救生衣，安全划船，不要打闹，也不要集中到一起划，等等。

其次，雷雨时不要划船。雷雨天气时，人在空旷的水面上容易被闪电击中。

第三，有同伴溺水时，要大声呼救或将飘浮的物体授给落水人，使其安全上岸。

第四，做好防晒准备，船在河中，容易遭到太阳的直射，抹上防晒霜，对皮肤好一些。

第五，准备好晕船药。有人晕船时，要及时给其服用晕船药。

第六，手握船桨不要太紧。因为握得太紧容易使双手和前臂疲乏。而划桨时，要用双臂、肩膀以及双腿出力，背部则不可用力。

第七，起风时，不要往深处滑。掌握不好时，容易翻船。

第八，千万别在岸边或水草比较多的地方划船。

第九，划船时，不要私自接客载客，不要超载。

心香一瓣

　　划船是一项非常开心的活动，同时也是一项有危险的活动。有关划船出现事故的新闻屡见报端，原因在于划船人没有足够的安全意识，在船上无节制地玩耍、打闹，致使船身倾覆，由于划船人没有严格遵守划船制度穿救生衣等安全设备，致使划船人致伤致命，空留下人们的一片唏嘘。

注意危险的漂流活动

漂流是一种极耗体力，极富冒险精神的刺激性运动。这正满足了青少年的猎奇心理，他们往往以身试之。但由于漂流地的水流等原因的影响，漂流船容易碰到崖壁、暗礁等障碍物，造成船毁人亡的安全事故。青少年只适合玩相对简单的漂流项目。

2008年7月，江西某学校高中二年级200多人一起到宜昌野人谷某漂流点，漂流开始后，学生刘某和三位男生同坐一条船，漂在河中第三位。过了半小时后，船到了第四处险滩时，排在第二位的船撞上了溪流拐弯处的一块大石头，继而翻倒了。随之，刘某乘坐的第三位船也与之碰撞而翻倒。船上的四人立即沉入水底，其中一位男同学漂到下游自游上岸，另两名男同学被救生员救起。而刘某随船翻入河底之中被卡在里面没有浮起来。因水流太急，景区的三个救生员潜入水中施救也没有成功。在半小时后，五六个救生员才将刘某打捞上岸。上岸后的刘某口吐白沫，四肢僵硬，宣告不治。

夏天，人爱玩水、爱漂流，因为漂流活动冒险而又刺激，青少年更喜欢。一般来说，漂流是相对比较安全的，如果不是如此，玩漂流就失去了它的意义。相信，只要掌握好漂流要领，就一定玩得刺激而安全，否则，就违背了漂流设计者的初衷。

尽管如此，有关漂流的事故还是不少的，成人不断发生类似的事故，对青少年来说，更不用说了。这是因为：

一是漂流河道情况复杂，到处是急流险滩，青少年容易在船上乱动或判断失误等危险行为；二是青少年可能为了刺激而将一些安全要领抛之脑后，容易引发一些漂流事故；三是青少年无论在力气上，还是思维上，和成年人还是有相当的差距。

因此，青少年参加漂流活动是比较危险的，尽管如此，青少年还是可以参加一些漂流活动的，比如，可以参加地况简单的漂流项目。此外要注意以下事项：

首先，青少年漂流要选择整个漂流过程水流相对平缓的漂流项目，这样的项目安全性高，过程也相当精彩（可以打水战）。

其次，严格遵守漂流规则。穿好救生衣，戴好安全帽，等等。一般来说，漂流河段都是比较安全的，只要不自作主张随便下船、不主动去抓水中的漂浮物和岸边的草木石头，漂流筏不会翻。漂流过程中，船身尽量保持顺着水流方向行驶，尤其是在水流急的地方，更要随时调整船身的方向，不容易搁浅和翻船。即使翻了，不必恐惧，这是漂流常发生的事情，只要憋住气就自动上浮，因为有救生衣。

第三，漂流前，要做好充分的准备工作。漂流时，最好携带一套干净的衣服以便下船时更换，同时最好携带一双凉鞋，以备在船上穿，不可将贵重物品(如手机、相机类电子产品、首饰等)及现金和皮鞋携带上船，天热时，勿忘保湿防晒，下船后要喝碗姜汤以防感冒。此外，男生不要穿得过于暴露，女生不过薄。

第四，漂流后要洗澡。漂流的水虽干净却也有不少微生物，所以过后要洗澡。

心香一瓣

漂流属于一种户外带竞技性质的水上旅游活动，不同于一般的户外旅游活动。它要求有严密的组织纪律和严格的安全措施保证，而且对漂流工具、漂流河道的选择也较严格和科学。对漂流者而言，必要的漂流知识不可缺少，首先要清楚的是，漂流不是所有人都可以参加的，严重的心脏病、精神病、高血压、高度近视等疾病患者，孕妇和残疾人、65岁以上老人、14岁以下儿童不宜参与。

后记

做好自己的守护神

　　青少年是祖国建设的后备队伍，也是未来的中流砥柱，他们的安危直接关系着国家的前途和命运。因此，国家对他们的保护是全方位的，国家制订了未成年保护法。学校为了他们更好地成长，在安全方面，制订了很多有效的措施。作为独生子女的监护人，父母更是煞费苦心，顽固而无微不至地照料这些青春独苗，怕万一有个闪失。

　　青少年的死亡原因主要是意外致死。过多的不必要的冒险所导致的，无法通过自我控制而抵制像酗酒、吸毒这样的危险行为，身强力壮，受到刺激后，自身往往难以控制，有时会做出暴力、自杀等令人难以置信的事情。

　　随着年龄的不断增长，青春期的孩子总要和外界发生联系，以提高自己的社会适应能力。随着社会的不断发展和犯罪形式的推陈出新，相应的法律法规就显得滞后了。父母的过度保护反而助长了孩子的依赖心理，一旦到了脱离父母的环境，就不知所措，不知如何保护自己了。

　　在社会中，发生的一幕幕触目惊心、令人发指的有关青春期孩子的案件中，无非就是利用了学校管理的一些漏洞、青少年的幼稚心理，加之青少年力量悬殊，胆小怕事，被一步步拉下水的。另一方面，一些青少年爱慕虚荣，物欲横流，常常铤而走险，做出令其无法挽回的事情来。

　　总之，对青春期孩子来说，最好的保护还是青春期孩子自身的保护。

笔者作为一个青少年的教育者，对那些案例除了对社会上的一些不法分子谴责之外，更多的是对青少年扼腕叹息，其实，青少年们只要在社会中遵循一定的原则，就足以保护自己。

首先，要懂得一些法律法规。青春期的孩子应当学习一些有关法律法规，增强自己明辨是非的能力，学会运用法律手段维护自己和同伴的正当权益，敢于同不良行为及坏人坏事作斗争，以维护自己的切身权益。

其次，要有敏锐的思辨能力。一般来说，犯罪分子施行犯罪的行为比较隐蔽，青少年应具有敏锐的识别能力，具有判断是非、真伪、安危和合法的能力，发现猫腻，应立刻将计就计，想方设法地正确应对，使自己和同伴脱离危险。

第三，要记住"天上不会掉馅饼"。对一些飞天而降的钱物和其他利益要提高警惕，对诱惑要有拒绝的勇气。

第四，高度的防卫能力。对自己体力和能力的客观估计，对待困境要有摆脱的信心，对待威胁暴力要有抗拒的决心，能利用环境保护自己，借用他人保护自己，运用法律保护自己，运用孤军奋战时应变机智的手段。

第五，学会控制自己。对自己的慌乱情绪和鲁莽行为要有自我暗示能力（这个一般人都有），以保持健康的心态，止住违法的脚步。

第六，要明理。青少年应对社会转型时期的生活环境要具有一定的认知能力，对青春期自我(生理的我、心理的我、道德的我)也要有一个全面的认识，对人际交往学习的认识，尤其是异性交往和校外人际交往。与异性同学交往时，应以集体活动和小组活动为主，避免总是一男一女两个人相处。与异性在一起时，身体始终要保持至少0.5米的距离，不管你与他的关系如何，都不要过于亲密。

第七，要学会控制自己的情绪。人有七情六欲，有自己的情绪，其中，有些情绪是有益的，也有些情绪是无益的。如果长期生活在不良环境，容易患精神疾病。青少年要注意，要相信自己。接受自己现有的一切，在此基础上，树立理想，不断完善自己。

不要过于敏感。青少年非常在意别人如何评价自己，他们对别人的评价十分在意，非常希望听到别人的鼓励和赞扬，但对别人否定性的评价，则沮丧、忧郁，一蹶不振。青少年要学会自我调节，不要过于敏感而自寻烦恼。

学会宣泄和转移不良情绪。青少年容易激动，也容易暴怒而喜怒无常。当有了不良情绪时，要学会宣泄和转移，但千万不要破罐破摔，给自己增加新的痛苦。

图书在版编目（CIP）数据

家有孩子初长成：青春期孩子必须警惕的安全问题
/陈德军编著.-- 哈尔滨：黑龙江教育出版社，2013.8
ISBN 978-7-5316-7114-5

Ⅰ.①家… Ⅱ.①陈… Ⅲ.①青春期—健康教育 Ⅳ.
①G479

中国版本图书馆CIP数据核字(2013)第189106号

家有孩子初长成 —— 青春期孩子必须警惕的安全问题
JIAYOU HAIZI CHU ZHANGCHENG——QINGCHUNQI HAIZI BIXU JINGTI DE ANQUAN WENTI

作　　者	陈德军
选题策划	彭剑飞
责任编辑	宋舒白　彭剑飞
装帧设计	Amber Design 琥珀视觉
责任校对	石　英
出版发行	黑龙江教育出版社（哈尔滨市南岗区花园街158号）
印　　刷	山东临沂新华印刷物流集团有限公司
开　　本	700×1000　1/16
印　　张	16.5
字　　数	140千
版　　次	2013年10月第1版　2013年10月第1次印刷
书　　号	ISBN　978-7-5316-7114-5
定　　价	28.00元